むかし話で学ぶ経営塾

大澤賢悟

自由国民社

はじめに　むかし話であなたの経営が劇的に変わる

さるかに合戦の子ガニは、どうして強い猿に勝つことができたのか？　かぐや姫がモテモテになった理由は何か？　ふと考えてみると気になりますが、むかし話には書かれていません。本書では、子供のころに一度は聞いたむかし話の「気になるところ」を見ていきます。なぜなら「気になるところ」には経営戦略の考え方が詰まっているからです。本書を通じて20以上の「気になるところ」を読み進めると、中小企業経営を成功させるための「基本的な道具」が身に付きます。

「むかし話で経営なんて学べない」とお思いの方、そんなことはありません。経営は、変化が激しく未来の見えない環境で、会社を成長させる方法です。これは、会社を人に置き換えてみると人生です。様々な登場人物の人生物語には、経営に役立つ教訓がたっぷり含まれています。さらにむかし話は、誰もが知っている簡単な話なのでとっつきやすいです。「かさ地蔵のおじいさんは、どうしたら笠を売れたと思う?」と聞かれて、「難しいなぁ」とは思わないですよね。これは学ぶ上でとても大事なことです。だから〝簡単な経営の本〟を読んで挫折した方でも、むかし話を使うと楽に「できない」とか「わからない」という思い込みの壁がなくなります。だから学ぶことができます。

経営には万能な道具はありません。しかし、役に立つ道具はたくさんあります。本書で学ぶ基本的な道具を効果的に使うことで、思いだけで起業したら大赤字といった壊滅的な失敗を避けることができたり、行き詰った中小企業経営を打破する新しい展望が開けてきます。勘や経験は経営に欠かせません。しかし、経営環境の変化が激しくなった現代では、勘と経験だけの経営は危険です。道具を活用し、失敗を減らし、最短距離で成功に近づいてください。また、コラムでは数字を経営に活用するために知っておいてほしいポイントを紹介しています。ポイントを押さえるだけで、経営戦略の効果が全然違いますよ！

それでは、むかし話を通じて、経営を成功させる道具を学んでください。

もくじ

第二章

長い時間をかけて選ばれた、経営者に活用される「考える枠組み」があります。枠組みを使うことでミスや漏れが減り成功に近づきます。

第三章

第四章

第一章

会社を経営するために、
知っておくべき「きほん」があります。
テクニックを学ぶ前に
この「きほん」を押さえましょう。

第1話

桃太郎

危険なプロジェクトをやり遂げた日本一のリーダー！
犬・猿・雉がお供した理由はきび団子だけじゃないぞ！
少数精鋭で鬼退治を成功させたその手腕とは？

どんぶらこっこと川を流れてきた桃を、おばあさんが家に持って帰ると、中から元気な赤ん坊が飛び出てきました。驚き腰を抜かす……こともなく、おじいさんとおばあさんが桃太郎と名付けると、桃太郎はすくすくと育ちました。

おじいさんとおばあさんは、いつもニコニコしている桃太郎を見て安心していました。……が！　実は、桃太郎。小さなころから「桃から生まれ

日本一
桃・もも・モモ・MOMO
って言いやがって
いつか見返すぞ！

た桃太郎〜！」と馬鹿にされる毎日でした。しかし、孝行者の桃太郎は辛さを見せず、一人で見返してやろう！と頑張ります。揉まれて学んで、大きくなった桃太郎。選んだ事業はなんと鬼退治です。とはいえ見返すつもりの村の子供たちには頼れません。おじいさんから刀を、おばあさんから日本一のきび団子をもらい、一人で旅立ちます。

しかし鬼退治は難事業です。コロナ禍の経済環境よりも厳しい道のりです。そのため、プロジェクト「鬼退治」達成のためには優秀なメンバーが必要です。道中、日本一のスペシャルきび団子をきっかけに、桃太郎は熱い思いを伝えました。そうして犬・猿・雉を仲間に加え、チーム桃太郎の結成です！　さすがは少数精鋭チーム。鬼ヶ島に着けば桃太郎の思いのままに力を発揮し、あっという間にプロジェクトは終了です。たくさんのお宝を持ち帰り幸せに暮らしました。

桃太郎のリーダーとしての手腕

鬼退治はとても危険なプロジェクトです。ごくごく少数での達成は「すごい」の一言です。さらに、そんなプロジェクトに、犬・猿・雉を引き込んでしまう手腕も侮れません。当然、ただの思いつきでできることではありません。桃太郎は何を考え、どんな行動をしたのでしょうか？

リーダーにとって一番大事なことは？

鬼退治という難事業は、日本一のリーダー桃太郎であったからこそ成功しました。なぜなら、プロジェクトの成功はリーダーにかかっているからです。キーマンであるリーダーには、やるべきことがたくさんありますが、その中でも一番大事なことは「目的を明らかにして仲間に理解してもらうこと」です。

例えば、桃太郎の目的が「悪者をやっつけたい」だったらどうでしょうか？　なんとなく意味はわかりますが、桃太郎のやりたいことが、いまいち理解できません。村で悪さをしている子供に勝ちたいのかもしれません。街道を荒らす盗賊を倒したいのかもしれません。これでは、チームはどこを目指して活動をすればいいのかわかりません。

このようにはっきり〝これだ〟という目的がなければ、チームは力を発揮できません。チーム桃太郎は少数精鋭です。もし、誰か一人でも違う方向を向いていると、チームの力が発揮できません。鬼退治プロジェクトは失敗してしまいます。これに対して桃太郎の目的は、「鬼を退治する」こと、とてもわかりやすい。このように、目的は一貫したシンプルなもの

にすると伝わりやすくなります。しかし、いくらわかりやすい目的を作っても、仲間に理解してもらえなければ意味がありません。目的はチームのメンバーに理解をしてもらって初めて役に立ちます。例えば、目的を聞き流されてしまったり、目的に不満があると、チームメンバーの力は発揮されません。プロジェクトは失敗してしまいます。このような問題点をなくすために重要なのが「理念」・「ビジョン」・「ミッション」です。

理念・ビジョン・ミッションとは

理念とは、チーム桃太郎の基本的な考え方や価値観を表したものです。そしてビジョンとは、将来、成し遂げたい未来です。ミッションはビジョンへたどり着くためにやるべきことです。

桃太郎が掲げる理念・ビジョン・ミッションを考えてみましょう。桃太郎は都で悪さをしている鬼を退治したいと考えます。その先には平和になった都をイメージしています。これらを踏まえ、理念は「やる気を笑顔に変える」、ビジョンは「笑顔の絶えない平和な世界を作る」ではいかがでしょうか？　ミッションは「仲間を増やす」「鬼の弱点を探る」「チームワークを発揮する」などです。

具体的なミッションはともかく、理念やビジョンはずいぶんきれいごとだなぁと感じた方も多いはずです。しかし、多くの会社の理念やビジョンはきれいです。それは、チームの仲間やお客様に理解してもらう必要があ

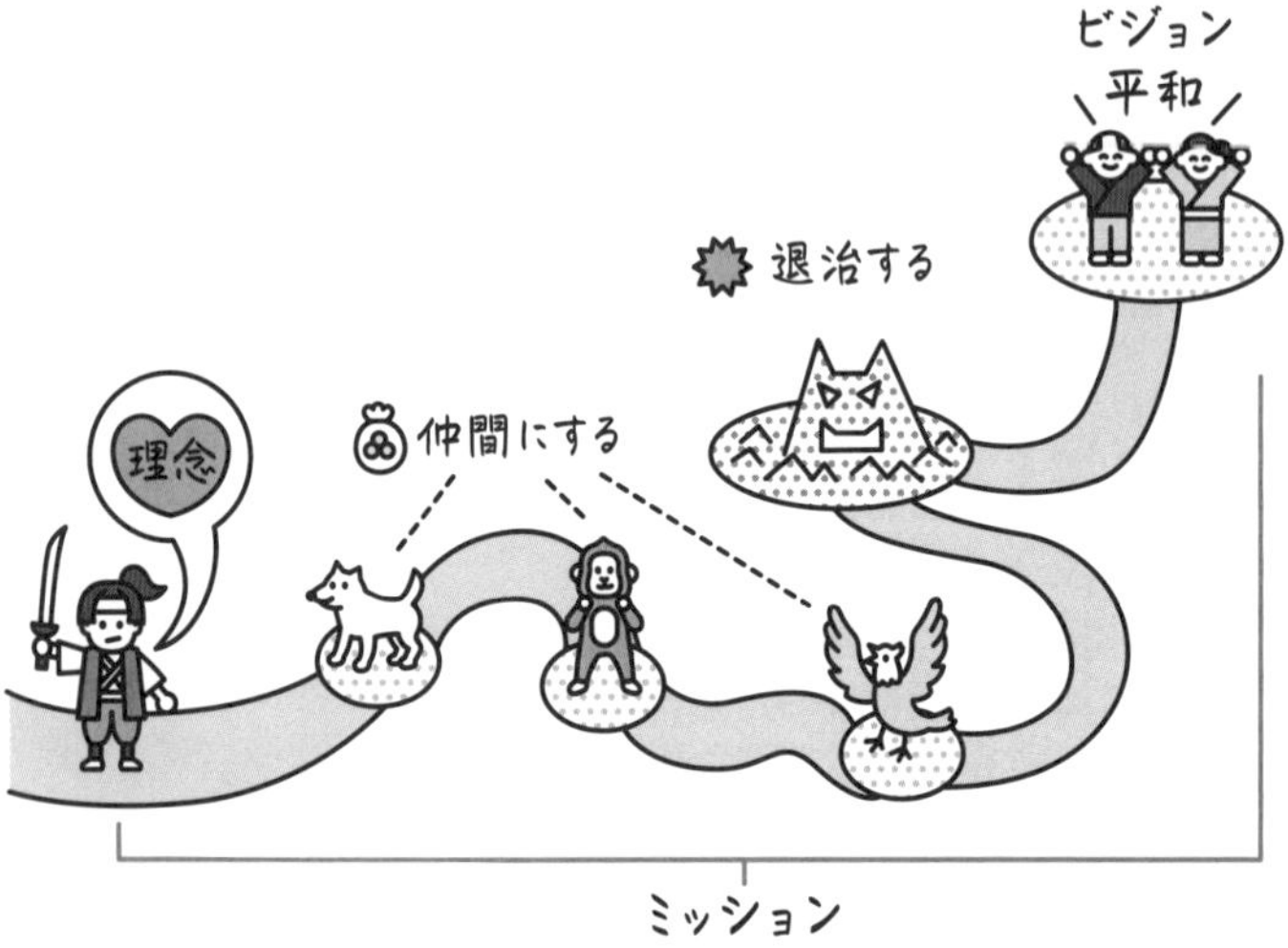

るからです。もし桃太郎の理念が「サクッと儲けたい」、ビジョンが「奪った金で俺だけウハウハ楽々生活！」では、犬も猿も雉も理解はしてくれません。ましてや会社で考えれば、お客様がそんな理念やビジョンの社長とは付き合いたくないなぁと思うのも当然です。

桃太郎のはっきりとした目的に加えて、心に訴える理念とビジョン、そしてスペシャルなきび団子としゃべりのうまさがあればこそ、危険なプロジェクトでも犬も猿も雉もついてきたのでしょう。

理念もビジョンも形だけなの？　と疑問に思われると思います。しかし最初は「きれいごと」からスタートでいいんです。「衣食足りて礼節を知る」の言葉通り、自分が貧乏で毎日とても苦しい時に、他人のために頑張るぞ！と思って行動することは、なかなかできません。普通は、「金持ちになりたい！」とか「将来楽したい！」とか、まずは自分の欲求が先にきます。はじめはそんな気持ちでも、理念やビジョンを掲げ続けていると、徐々に自分の行動が変わります。そうして変わっていけばいいのです。

理念やビジョンを掲げていないワンマン社長の中には超ブラックな行動が見られませんか？　気づかれていないと思っているのは本人だけで、普段の行いににじみ出ます。まずは、きれいごとと感じても自分が納得できる、理念とビジョンを作ってください。形から入ったはずがいつの間にか理念を意識し、ビジョンを目指している。そんな社長と会社に変わっていきます。

ちなみに世間では理念・ビジョン・ミッションと言葉が統一されていま

せん。社是・社訓・クレド・使命・基本方針・等々、いろいろな表現がされています。一概にどれが正しくて、どれが間違っているということはありません。名前は違っても「今の価値観や行動原理」、「将来成し遂げたいこと」、「やるべきこと」を掲げています。

桃太郎からひとこと

共感してくれる仲間を見つけるためには、気持ちや考えを伝えることはとても大事。自分がやりたいことの先にどんなメリットが社会に提供できるのか？　を考えると理念やビジョンがイメージしやすいよ！

第2話

アリとキリギリス

働きアリたちの計画管理。

がむしゃらに働くのはもう古い⁉

計画的に管理する「分析アリ」が今のトレンド。


酷暑に見舞われる日本。そんな中、アリたちはせっせと働き食料を家に運びます。

「空調服はいきわたっているか！」

「酷暑で草も虫も成長が悪い。計画比35％ダウンだ！」

「全体の20％は休み。残業0、交代制で進めて！」

昔はサービス残業が当たり前だった働きアリたちも、だいぶホワイトな

労働環境になりました。冬に向けた食料集めや巣作りも、計画や進捗管理にスキはありません。しかし最近は異常気象の影響を受けたのか、計画通り食料を集めることが難しくなってきました。そんなところに、のん気なキリギリスが歌いながらやってきます。

「アリさん、何やってんの！　働きすぎじゃない？　こんなに暑いんだから熱中症で死んでしまうよ！　こんな時は休むのが一番。草陰で歌い、遊び、飲み、食べようよ！」と話しかけます。

するど、管理職アリは進捗状況を見ながら

「最近は酷暑で、ご飯の集まりが悪いんだ。計画を練り直し、業務を改善しないといけない。今年は特にひどい。キリギリスさんも、きちんと計画を立てて、ご飯を集めたほうがいいよ」と答えます。

「この暑いのに、そんな細かいことやってられないよ！　計画なんて、思った通りいかないじゃないか。まだまだ夏さ、大丈夫！　今は楽しく過ごすのが一番さ」と言うと、草陰で歌い始めました。

そうこうするうちに秋が来て、寒い冬が来ます。その場のノリと勢いで生きてきたキリギリスがかじれるのは枯れ葉だけ。他に何もありません。困り果てたキリギリスは、アリがご飯を集めていたことを思い出し、分けてもらおうとアリの家を訪ねます。アリはキリギリスの頼みを断りますが、だんだん気の毒に感じ「キリギリスさん、夏に何もしなかったツケが回って来たのです。思いのままに行動したからこうなったのですよ。これからは気を付けてくださいね」と伝え、ご飯を分け与えました。キリギリスは翌年からアリの下で修業をして、計画的な生活をするようになりました。

アリの計画性とキリギリスの無計画性

アリは計画的に、キリギリスは思いのままに過ごした結果、冬になって大きな違いが出ました。どんなに酷暑でも夏はバブルのようなもの。餌には困りません。そのため、キリギリスは遊び、歌い、虫生を謳歌します。しかし、秋になり冬になり本当に過酷な環境に変われば、無計画のキリギリスは虫生のどん底へ落ちていきます。これとは対照的に、夏でも計画的に過ごしたアリは、過酷な冬も平穏に過ごします。調子が良い時も、忙しい時も、経営計画を立てる経営者こそ、過酷な市場でも生き残る経営ができます。

思い通りにいかないから経営計画を立てる

アリもキリギリスも自然環境には勝てません。特に最近の異常気象は予想がつきません。それをわかっていて、アリは未来の計画を立てます。アりにとっても経営者にとっても、経営計画はキリギリスが話すように「思った通りにいかない」ものです。多くの場合、経営計画を作っても、計画通りにいかないから役に立たないと考えます。そんなものはいらないと考えて、勘や経験だけに頼るのがキリギリスの経営です。しかしアリの経営では、計画通りにいかないから経営計画が役に立つと考えます。

もしすべてが計画通りにいくとしたら、計画はなんの役に立つでしょうか？　計画通りの結果が出るのだから、計画終了後に改めて確認する必要がありません。これでは作るためにかけた時間が無駄になってしまいます。このように考えると、本来計画とは行動が計画通りにいかない場合を想定して作るものなのです。

計画と結果の差がわかるから経営計画は輝く

なぜ計画通りにいかないのに計画を作るのでしょうか？　その理由は、計画と結果の差を知るためです。

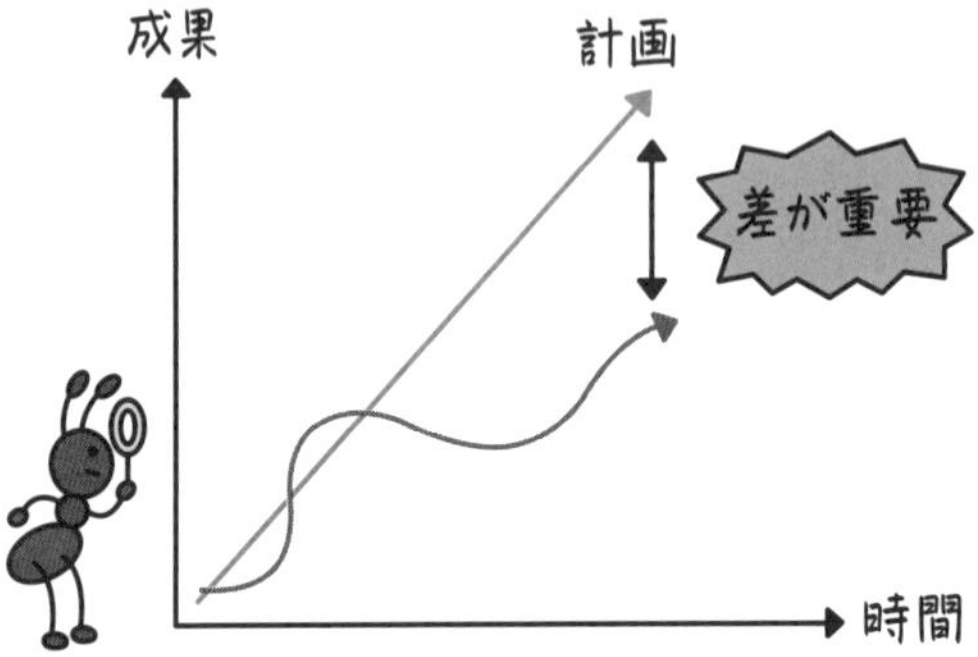

計画を思い通りにいかなかった結果と比べれば差が出ます。この差を知ることで、何が良かったのか、何が悪かったのかを考えることができます。考えることで、今後の行動を修正することができます。

今はまだ攻めるときなのか、それとも引くときなのかは大きな違いです。値引きをする。交渉を断る。状況によって判断が違ってきます。もし計画がなければ、勘頼りの経営判断になります。これでは経営判断を後に活かすことができません。

さらに、この差を知るために、とても大事なことが1つあります。それは経営計画を文字で作成することです。どんな戦略で経営を行う予定なのか、売上や利益はいくらを目指すのか。文字で書いていなければ、結果が出るころには細かい計画を覚えていません。もし忘れてしまっていたら、せっかく立てた計画を活用することができません。大変でも文字に残してください。

計画は方針と数字が必要

計画を立てるときの大事なポイントは、「方針」と「数字」の2つです。

方針には社長の気持ちや今後の行動計画などを書きます。なぜやりたいのか、何をやりたいのか。社長の考えを伝えます。数字は計画のブレをなくすために書きます。方針だけだと、計画の達成基準が曖昧になります。しかし、数字は曖昧さを許しません。達成できたかできていないかが、はっきりとわかります。

定期的に行動を振り返り計画書と比べることで、今の行動が、計画書の

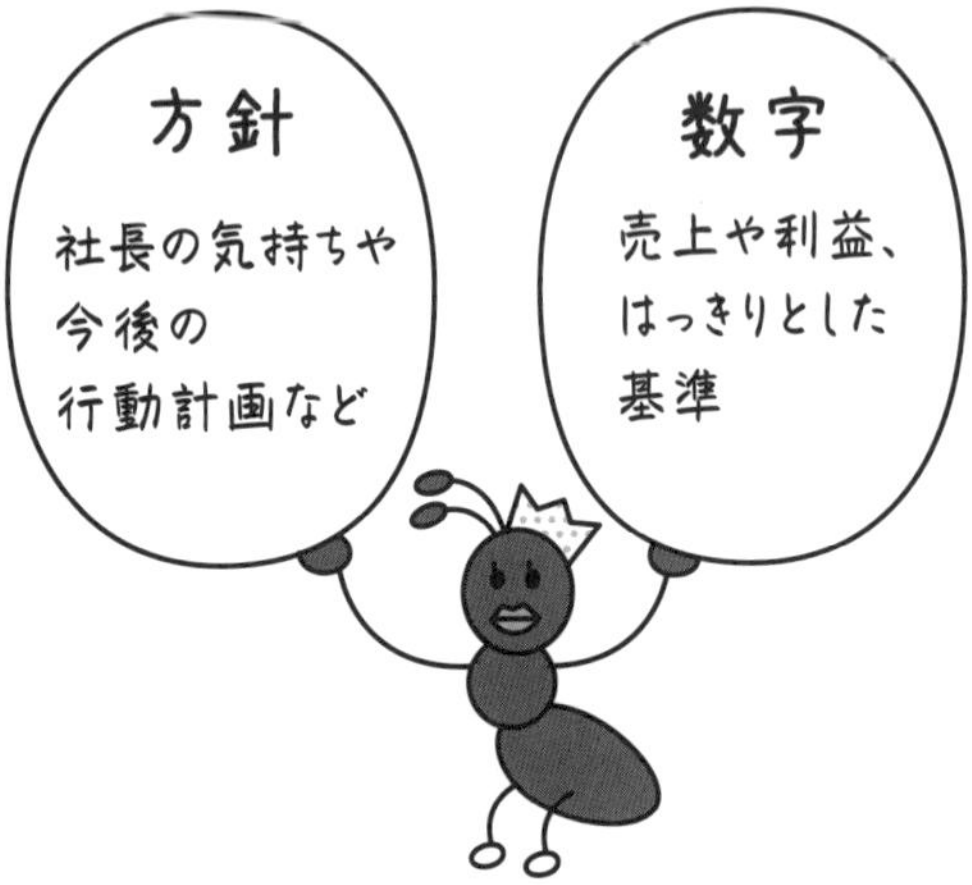

方針に沿っているかが確認できます。確認した結果、行えていないとしたら何が問題かを考えます。同時に計画通りの数字が達成できたかを確認します。例えば、行動は計画通りだったのに、計画した数字が達成できていなければ、最初の行動計画を見直す必要があります。また、計画した数字が達成できておらず、行動も計画通りでなかった場合、まずは行動を改善しなくてはいけません。

数字目標は利益計画から

数字目標を作るのが苦手だという場合には、まずは利益計画を立ててください。会社の数字の基本は売上ではなく利益です。利益計画を立てずに売上計画だけを立ててしまうと、頑張ったはずなのに思ったように儲からないということが起きます。例えばアリの利益計画であれば、「ご飯を○○食分蓄える」となります。しかし、売上計画を基準にすると、ご飯のもととなる「獲物を集める量」が目的になります。そうすると、「大きな獲物をとってきたが食べるところが少ない」とか、「大きな獲物を運ぶため働きアリを増やしすぎたので、せっかくのご飯を食べてしまった」といった結果になります。これでは「食べられる餌＝利益」が、なかなか蓄えられません。売上があがったのに利益が出ない経営と同じです。このように経営のために会社の数字を活用することを管理会計と言います。管理会計を、いろいろな点で活用しようとすると難しいこともありますが、まずは簡単なところからチャレンジしてください！

アリから（キリギリスへ）ひとこと

きちんと計画を立てると、未来をイメージしやすいし、うまくいかなかった理由がわかりやすくなりますよ。数字で確認すると結果がはっきりするので、曖昧にならなくてお勧めです！

第3話

一寸法師

3センチの小さな体が最大の武器！
お姫様を守る侍になるには強くなければならない。
そんな常識を覆す、一寸法師の目からうろこの戦い方！

老夫婦が神様から授かった子供は、一寸法師と名付けられたためか、何年たっても身長は一寸のまま。しかし、超ポジティブな一寸法師はそんな体を活かし、マスコットキャラとして大人気です。とはいえ、本心では納得していません。そんなある日、村に訪れた商人から、京の鬼が不思議な小づちで体を大きくして暴れた話を聞きます。行動的な一寸法師はすぐさま京へ向かいます。小さな体では京へ歩いていくことは大変ですが、幸い

川を下れば一本道です。運動神経抜群の一寸法師はお椀の船を箸でコントロールして京へ向かいます。
京へ着いたものの、つてもなければお金もありません。しかし、そこは知恵者の一寸法師。さっそく都で一番大きな家へ向かい仕官を願います。売り込むポイントは強い侍……ではなく、マスコットポジションです。自分のキャラを最大限活かしお姫様の心をがっちりキャッチ！　その流れでお姫様の親衛隊ポジションに収まると、運も一寸法師の味方をします。外出先で鬼に出会えば、針を片手に口から腹へ移動

して一方的な鬼退治。逃げる鬼が落としたものは、なんと打出の小づちではありませんか。小づちを振って立派な青年になれば、命を懸けた戦いに恋したお姫様とめでたくゴールイン。末永く幸せに暮らしました。

今までにない侍の姿

長旅を経て京へ着いた一寸法師は京で一番大きな武家に仕官します。一般的な侍は、体が大きく、剣の扱いが上手な者がなります。つまり、常識では小さく弱い一寸法師は侍になれません。そこでポジティブな一寸法師が描いたのは、今までにない侍の姿です。常識を覆す侍像とニーズがマッチすれば、小さな一寸法師でも仕官ができます。さらにそのアイデアが、自分しかなれない侍像であれば仕官は容易どころか、他の武士と競う必要もありません。

今までにない場所で戦う

ここで、一寸法師が考えるのは、雇用主がどう考え、どんなニーズがあるのか？　ということです。商売であれば、お客様にどんなニーズがあるか？　ということになります。大きな武家ならお金は十分にあります。その中で、雇用主の意見に影響を与えることができ、自分を身近に置きたいと思う人にアプローチできれば、侍として仕官できるのではないか？　一寸法師にとって、それが武家のお姫様でした。

今まで、仕官する侍は武家の主を顧客と考えました。そのため認められる基準、つまり競争する内容は「強さ」でした。しかし、一寸法師は顧客をお姫様に変えてしまいます。お姫様にしてみれば、いかつい侍に囲まれる環境はうんざりです。つまり、お姫様にとって強さは価値にはなりません。近くに置くマスコット的な「かわいさ」のほうが価値として重要だったのです。

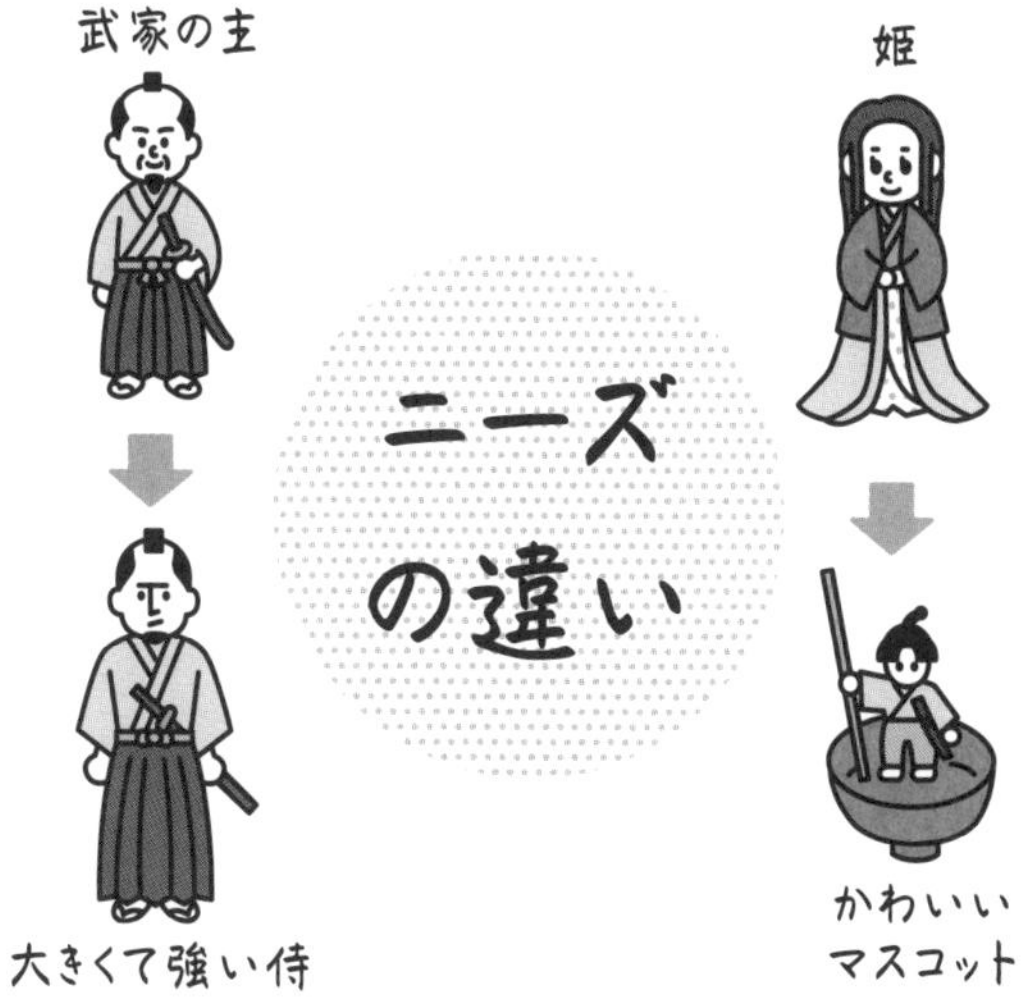

このように戦う基準をまったく違うところに持ってくると、その状況では圧倒的な強みを発揮できることがあります。体が大きな侍たちでは一寸法師に替わることはできません。商売であれば、お客様がたくさんいる環境を独占できるようなものです。

一寸法師が選んだ争いのない市場をブルーオーシャンと呼びます。逆に侍が強さを競う激しい市場をレッドオーシャンと呼びます。一般的に、会社はレッドオーシャンで競っているため、他社との違いをアピールしながら商売をします。わかりやすい例が「一番安い！」という価格競争です。

ブルーオーシャンを見つけるには

レッドオーシャンを逃れブルーオーシャンで商売できれば、これほど良いことはありません。ではブルーオーシャンを見つけるためにはどうしたら良いでしょうか？　そのための基本的な方法はニッチな市場を探すことです。

マイケル・ポーターは、商売の戦略は3つしかないと言います。1番目は、自分が市場のリーダーになる「コストリーダーシップ戦略」です。リーダーとなれば、大量仕入れによる値引きや資産の効率活用などのメリットを、一番受けることができます。その結果、最も低いコストで経営できるようになります。安値で販売するかはともかく価格競争でも勝てるという強みもあります。宮本武蔵のような圧倒的に強い侍ですね。

2番目は「差別化戦略」です。リーダー以外の会社は、コストでリーダーに負けるため、価格勝負ができません。そのため、1番との違いをアピールすることで自社を選んでもらいます。例えば、服部半蔵のような忍者なら情報収集力で差別化します。

3番目が「ニッチ戦略」です。これはリーダーや差別化戦略の会社が参加していない狭い市場で戦う方法です。市場のリーダーや差別化戦略を行う会社は、市場では比較的大きな企業となり、小さな会社は競うことが難しくなります。そのため競合を避け、ニッチ市場でのリーダーや差別化企業となります。一寸法師は強い侍たちとは戦わず競合のいない究極のニッチ市場を選びました。その結果、ブルーオーシャンにたどり着きました。

ブルーオーシャンには注意が必要

ここまでの話ではブルーオーシャンは天国のような環境です。しかし、一寸法師のように「めでたしめでたし」となるのは簡単ではありません。それは、大きく3つの理由があります。

まず1つ目です。それは、たとえニッチ市場を探しても、ブルーオーシャンを見つけることが非常に難しいからです。ブルーオーシャンとは、お客様がいるにもかかわらず誰も商売していない市場です。世界中で多くの人がビジネスをしている中で、そのような市場はほとんど残っていません。そのような市場を発見するのは、簡単ではありません。

次に2つ目です。それは、見つけたとしてもお客様がいない可能性があります。なぜなら、競争になっていない市場は、誰も見つけていない市場ではなく利益が上がらず撤退した市場である可能性のほうが高いためです。また、ブルーオーシャンのお客様は、自分のニーズに気づいていないことが一般的です。例えば、武家の主が愛するお姫様のニーズに気づいていない状況です。この問題を解決するためには、お客様に今までにないニーズに気づいてもらう必要があります。

最後に3つ目です。それは、市場がある程度大きくなると大企業が参入してくることです。そうなると激しい価格競争などが起こり、中小企業では競争になりません。この場合、大企業が参入する前に利益をたくさん得ておくか、大企業とガチンコで競争するかを選ぶ必要があります。お姫様の侍市場に大手男性アイドル事務所が参入すると競争が激化するかもしれませんね。

一寸法師からひとこと

小さくて弱いという現実は悩んでも変わらない。でも現実をしっかり見つめ、考え方を変えたことで今までにない市場を見つけることができたんだよ。

第4話

3枚のお札

小僧さんは逃げることに専念！
山姥に捕らわれた小僧さん。
戦略的な外注（お札）使いが命を救う！

栗拾いに夢中になってしまった小僧さん。気が付くとあたりは真っ暗です。山中で一軒の家を見つけて尋ねてみると、人の良いおばあさんが泊めてくれることになりました。夜中にふと目が覚めると隣の部屋では山姥が包丁を研いでいます。大ピンチに気づいた小僧さんは、和尚様からもらった3枚のお札の使い方を考えます。

「和尚様のお札を使えば山姥を退治できるかもしれない。しかし、自分

が戦うのはハイリスクだ。できれば山姥と向かい合いたくない。自分は逃げることに集中し、山姥の相手をするのはお札に任せよう！」

さて、方針が決まった小僧さん。まずは山姥から逃げ出す必要があります。そこで便所に行くことにして山姥から離れようとしました。しかし、山姥も簡単には離してくれません。腰に縄を結ばれることになりました。小僧さんは便所に入ると腰の縄をほどいて柱に結びました。その後、お札に自分の代わりに返事をしてくれるよう指示しました。小僧さんは自由の身。二度と山姥と会うものかと、さっさと走り出します。そうとは知らず山姥は「まだか」と何度も聞きますが、そのたびにお札が「もう少し」とこたえます。我慢できなくなり山姥が便所に入ると、中は空っぽでお札が返事をしていました。

怒った山姥が夜道を追うと必死に逃げる小僧さんがいます。山姥が近づいたことに気づくと、小僧さんは2枚目のお札で大きな川を作ります。山姥の足止めに成功しますが、山姥は川の水を飲み干して追いかけてきます。すかさず小僧さんは、3枚目のお札を使って火の海を作ります。これに対して山姥は、先ほど飲んだ水を吐き出し、火を消してしまいました。

お札を使って時間を稼ぎ、和尚様のところに帰り着いた小僧さん。和尚様に助けを求めます。そこに山姥がやってきますが、和尚様と山姥の知恵比べ。豆になった山姥は和尚様に食べられてしまいました。

戦略的なお札の使い方

和尚様の注意を忘れ栗拾いに夢中になってしまった小僧さん。しかし命が危なくなると、のん気ではいられません。必死になって戦略的なお札の使い方を考えます。和尚様にいただいた魔法のお札です。お札を使って戦えば、山姥をやっつけることもできそうです。しかし、いくらお札を使うとはいえ、山姥と戦って勝てる保証はありません。むしろ戦うことが苦手な小僧さん。恐怖におびえて戦えず、食べられてしまうかもしれません。

また、お札を使って早く走ることは難しそうです。ここは夜の山の中です。いつも以上のスピードで走れば大けがをするかもしれません。それでは山姥に食べられてしまいます。そこで、小僧さんは少しでもうまくいくように自分で走って逃げることにしました。自分は得意な逃げに徹して、お札に山姥の邪魔をしてもらう作戦です。そうすれば山姥と向かい合う必要もありません。

お札を外注として活用する

小僧さんがお札に託したのは、山姥が小僧さんを追いかけるのを邪魔することです。こうすれば、山姥を邪魔するというリスクの高いことをお札に任せて、自分は逃げるという最も重要なことに集中することができます。

つまり目的を達成するために、小僧さんがやらなくても良いことでリスクの高い部分を外注したのです。こうしてみると小僧さんがお札にお願いした外注の方法はとても効果的ですね。

中小企業の外注の使い方

経営をするにあたってはすべてを自社で行うことはできません。そこで小僧さんのように、外部の力を借りて事業を行います。外注と考えると非常に範囲が狭くイメージされがちです。しかし実際には、仕事をする上で外部の力を借りるすべてのことが外注です。中小企業が外注を使う場合、おおむね次の2つのどちらかになります。

① 不足している労働力を補うために活用する

② 専門外の仕事を外部に委託する

外注と聞くと多くの場合、①をイメージします。これは日本の労働関係の法律が原因です。日本では法律上、原則的に解雇ができません。そのため仕事の繁閑に合わせて労働者の調整をすることが難しくなります。その結果、仕事の繁閑に対応するため、自社で雇用する人数を抑える経営が長く続きました。そして繁閑の調整には外注や非正規雇用と言った人員を活用しました。②の典型的な例は税理士や社会保険労務士です。必要ですが自分でやるには専門的で難しい内容で活用されることが一般的です。争いが起きたときに弁護士に依頼するなどの一時的な場合も同じです。

これからの外注の活用方法は?

労働力の調整（①）と専門外の仕事（②）は見方を変えると次のように考えることができます。①は本業への外注活用。②は本業以外への外注活用です。中小企業では従来は①の外注を積極的に活用し、②の外注は極力減らすという方針が多く見られました。しかし、これからの時代は本業（①）よりも本業以外（②）の外注を効果的に活用できるかどうかが経営にとって重要になります。理由は非常に簡単で、人手不足が進むからです。人手不足が進むと非正規雇用の人員も外注先の会社も減ってきます。そのような状況では、人手が必要になったタイミングでは外注先も忙しく簡単に活用できないかもしれません。また、会社の強みを作る上でも重要です。

多くの会社では、人手不足が原因で本業に充てる人員が足りなくなってきています。しかし人員を増やして解決することが簡単にはできません。もし本業以外（②）を外注に出すことができれば、社内の貴重な人員を本業（①）に集中することができます。

小僧さんは山姥の追跡を邪魔することをお札に外注しました。そのため逃げるという本業に集中することができ、夜の山道を無事に逃げ切ることができました。もし逃げることに集中できなければ山姥に捕まっていたかもしれませんね。

和尚様からひとこと

失敗は誰しもするもの。それでも小僧が逃げ切ったのは本当に大事なことに集中できたからじゃ。自分たちの力をどこに集中させるのか、はっきり決めることがお勧めじゃよ。

コラム1

会計数字のない経営は迷子の経営

経営の神様としても有名な稲盛和夫さんをご存じですか？　稲盛さんの提唱する稲盛会計学には次のようなことが書かれています。

会計の数値は、飛行機のコックピットにある計器盤の数値に例えることができます。パイロットが、高度や速度、方向などを示す計器盤の数字を見ながら、飛行機を操縦するように、経営者は会計数字を見ることで会社の実態を読み取りながら、経営の舵取りを行います。

もし、飛行機の〝計器盤〟が狂っていたら、正しく飛行することができないように、会計数字がいい加減であれば、会社は誤った方向へ進んでいくことになります。

したがって、会計とは、企業経営において〝羅針盤〟の役割を果たすものであり、「経営の中枢」です。

『稲盛和夫 OFFICIAL SITE』
https://www.kyocera.co.jp/inamori/

このように、会社の数字というのは、会社が今いる場所を示してくれる道具です。皆さんは毎月、会社の財務諸表を確認していますか？　もし数値が間違っていたら問題ですが、見ていないのも大問題です。会計数字を見ていない会社は、今の居場所もどちらに向かえば良いかもわかりません。つまり迷子の経営です。これでは、いつになっても目的地にたどり着けません。毎月、会社の数字を確認し、今いる位置を確認してください。

しかし、これだけで終わってしまっては数字なんて経営に役立たないじゃないか？　と思われてしまうのも無理ありません。会社の今を知ったなら、そこから未来を作っていきましょう。そのために、今いる位置が確認できたら、次は未来の数字を作ってください。あなたの会社が目的地にたどり着くためには、どのような数字が必要でしょうか？　目的地にたどり着いたとき、どのような数字になっているでしょうか？　損益計算書の数字だけではなく、貸借対照表の数字も作ってください。

未来の数字が作れたら、未来の数字を達成するためには何が必要なのかを考えます。社長は何をするのか？　従業員は何をするのか？　きちんと実施すべきことまで落とし込みましょう。そして1か月たったら、どのような成果が出たのか数字を確認します。

このように数字を軸として経営を行うことで、徐々に目的地に向かっていくことができます。数字を活用し、迷子の経営から脱出してくださいね。

第二章

長い時間をかけて選ばれた、
経営者に活用される
「考える枠組み」があります。
枠組みを使うことで
ミスや漏れが減り成功に近づきます。

第5話

北風と太陽

独りよがりな北風より、お客様視点の太陽。

3者の関係を考えてサービスをお客様に合わせよう

「なんでも吹き飛ばせる俺様は世界一強い！」

そんな威張る北風に対し
「北風君は確かに強いですのう」

と太陽は余裕の表情です。

若い北風は太陽の余裕が気に入りません。そこへ、ちょうど良いタイミングで旅人が歩いてきます。旅人を見つけた北風は、

「旅人の服を脱がせたほうが勝ちだ！」

と言うが早いか旅人に近づき、ビュービューと風を吹き付けました。あまりの寒さに旅人は服をしっかり押さえてしまいます。結局、いつまでたっても旅人の服を脱がすことができない北風は、疲れ果ててしまいました。

「若いのう。そんな自分勝手なやり方では、いつまでたってもうまくいかんよ」

と太陽の番になると、旅人をゆっくりと温めます。旅人の体がぽかぽかと温まってくると、太陽はじわじわと熱を上げました。そのため、少し先にある川のほとりに着くころには、旅人はじっとりと汗をかいていました。そこで太陽はもう一押し！　とジリジリと真夏のような強い日差しを当てます。ついに旅人は急いで服を脱ぎ川に飛び込みました。

自分のことだけ考えた北風、3者を考えた太陽

北風は自分の力自慢をしたくてたまりません。そこで、ビュービューと風を吹き付けました。自分の一番の強みである強い風を吹き付けて、風の力で飛ばしてしまおうと考えたわけです。しかし、これは旅人のことを少しも考えていません。冷たい風をあびた旅人は寒くてしかたがありません。しっかり服を押さえたので、脱がすことができませんでした。

これに対して太陽は、自分の強みだけでなく、旅人や北風のことも考えます。北風の冷たい風で旅人は凍えているので、温まりたいはずです。とはいえ、砂漠のように強い日差しでは熱さから服で身を守るかもしれません。そのため、まずはゆっくり温め、次にじっとりと汗をかかせ、最後に水辺で夏のような暑さにしました。

経営戦略を考える基本、3C分析

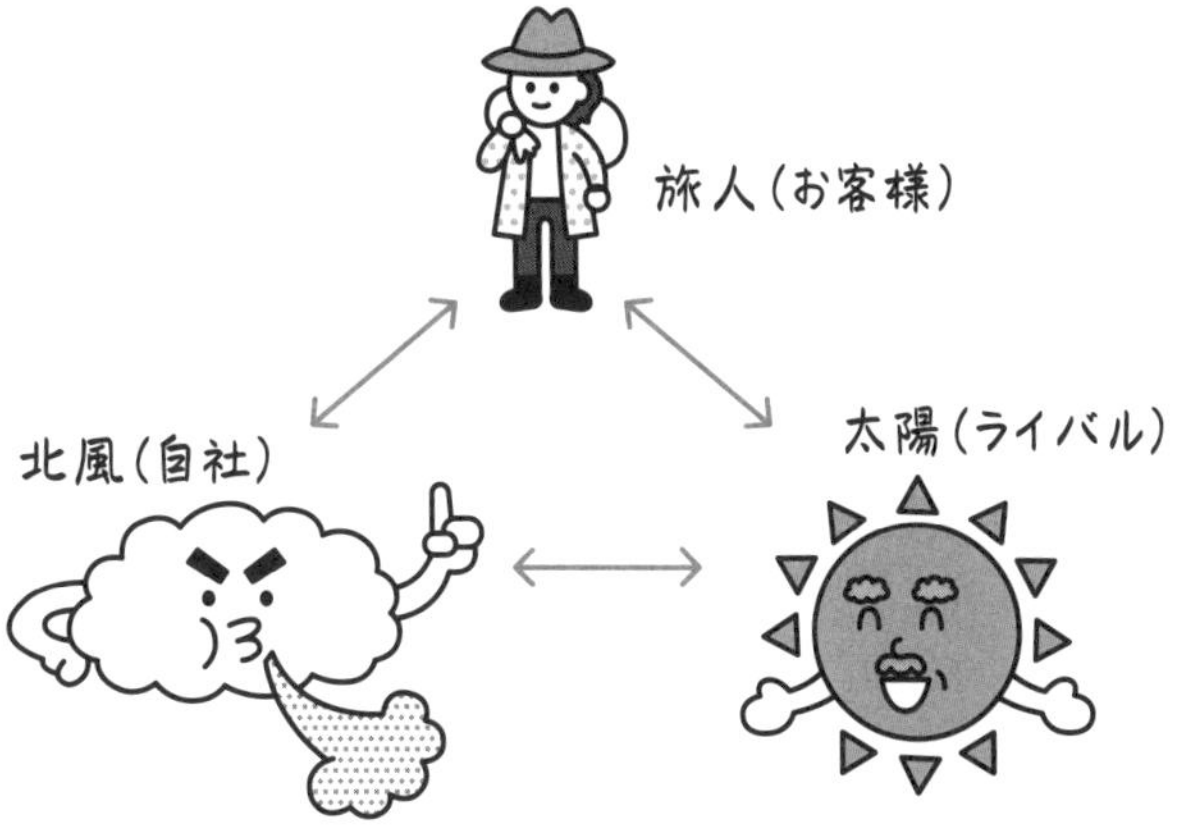

経営戦略を考える上で非常に重要な考え方に3つのCがあり、これを3C分析と言います。自社（Company）、競合（Competitor）、顧客（Customer）の頭文字をとったものです。

この3つは経営を考える基本です。会社は、お客様からお金をいただかなければ存続できません。そしてお客様がいる市場には競合がいます。つまり経営とは競合に勝ち、お客様に受け入れてもらい、お金をいただくことです。この3つの視点を考えずに自分の商品やサービスだけを提供すると、北風のようにお客様に受け入れてもらえません。

「北風と太陽と旅人」は3Cの関係

旅人をお客様と考えた場合、北風と太陽はお互いに競合になります。北風と太陽は自分の行動で、旅人に服を脱いでもらうことが目的です。北風も太陽も、お互いの強みや弱み、旅人のニーズを考えて、より自分が優位に立たなくてはいけません。

商売では、お客様にお金を支払ってもらい、満足を感じてもらうことが必要です。北風と太陽の競争で考えれば、「旅人が上着を脱いでくれること」と「脱いだことに旅人が満足すること」が必要です。北風は力技で服を吹き飛ばそうとしました。しかし成功したとしても、そこには旅人の満足がありません。むしろ、今後は旅人が北風への対抗策をとるでしょう。これは商売で言えば、商品やサービスが拒絶された状況です。

これに対して太陽は、旅人が服を脱いで川に入ることで満足を与えました。旅人は同じ状況が起きても拒絶することはありません。このように、商売ではお金という結果だけではなく満足も与えることが重要です。

旅人（お客様）の視点で考えたか？

北風と太陽の大きな違いは、旅人の視点で考えていたか？　ということです。北風は「提供するサービスを旅人がどう感じるか」をまったく考えていません。しかし、太陽は旅人が感じることについて仮説を立て、行動しています。太陽のサービスで、旅人は上着を脱ぎたいと感じているか。脱いだ時に満足感を与えるためにはどのようにすべきか。旅人の立場に立って考えています。

商売を行うとき、北風に似たやり方を

することは珍しくありません。例えば、お客様の意見を聞かず、商品・サービスを決めてしまうことがあります。もちろん、店舗や資金、技術や知識による制約があります。しかし、お客様のニーズを深掘りし、常に商品・サービスを改善すれば、徐々に太陽のサービスに近づくことができます。お客様に選んでいただくために、太陽を目指しましょう。

自分と競合の「強み」や「弱み」

お客様のニーズだけではなく、自社と競合についても考えることが必要です。市場には必ずたくさんの競合がいます。たとえお客様のニーズがわかっても、自社も競合もまったく同じ商品・サービスでは、価格競争になってしまい利益が出ません。自社と競合の強み・弱みを分析することで、会社独自の特徴を出すことができます。その特徴を活かし、自社の商品・サービスを差別化してください。お客様のより深いニーズにマッチさせることができれば、価格競争から抜け出すことができます。

例えば、太陽は北風にない自分の強みというのを考えます。太陽にできて北風にできない強みは「温める」ことです。温めることで旅人に服を脱いでもらうことができるかを考えます。また、その時に旅人は満足を得られるのかを考えます。こうして太陽は強みで北風に差別化を行いました。太陽のように自社の強みを活かし、競合に対して差別化を行いましょう。

太陽からひとこと

北風の特徴と私（太陽）の特徴をよく考え、旅人のニーズと地形を踏まえて、どうしたら旅人が満足して服を脱いでくれるかを考えたんですよ。3者の関係性をよく考えるといろいろなことが見えてきます。

第6話

シンデレラ

弱い立場から抜け出すには？
王子様との結婚にすべてを賭けて一発逆転！

お継母様もお姉様たちも、私にだけ家事を押し付けて遊んでばかり。私だって楽しみたい。灰ばかりかぶり続ける青春なんていやなの！　国の王子様が近々開く舞踏会は玉の輿の大チャンス。ここで王子様をものにすれば今の生活から抜け出して素敵な毎日が過ごせるわ！

お継母様とお姉様たちを見返してやるのよ！

だけど、どうやって舞踏会に出るかが問題だわ。わずかな時間で王子様を落とさなくてはダメ！　たった1度しかないチャンスだもの、しっかり

考えないといけないわ。私の手元資金はお継母様たちのへそくりと生活費だけ。背に腹はかえられない。森の魔女と手を組みましょう。街のうわさが本当なら交渉次第で乗ってくるはずだわ。

…………。

魔女との交渉はとてもうまくいったわ。「魔法で動くカボチャの馬車」と「私だけがはけるガラスの靴」、「意中の相手が恋するドレス」を借りることに成功したわ。代わりに私が妃になったら城の秘宝を渡さなければいけないけど……。それに、へそくりと生活費は、ほとんど取られてしまった。まぁ、いいわ。どこかのお姫様みたいに、声を奪われた挙句、泡にされたらたまらないもの。

…………。

当日の舞踏会、「恋するドレス」と「ガラスの靴」をはき「魔法の馬車」で舞踏会に入る私は注目の的！　王子様の目も私に釘付けね。恋するドレスの効果はものすごいわね。しかし軽く見られてはいけないわ。12時の鐘で涙（目薬）の退場をして王子様にさらなる印象付けをしなくっちゃ。ガラスの靴を置いてくるのも忘れずに。

…………。

翌日から王子様は謎の女性探しを始めたわ。ヒントはガラスの靴だけ。あの靴は私にしかはけないようになっているから安心だけど……、早く私のところまで来てくれないと、生活費の使い込みがお継母様たちにばれてしまうわ。

…………。

なんとかお金が尽きる前に、ガラスの靴を持った王子様が私の前に登場！　当然、私の足にピッタリ。私もこれで玉の輿。悠々自適な毎日が送れるわ！

……魔女との約束だけは守らないと、とても怖いわね。

自分のポジションを変えて楽になったシンデレラ

シンデレラは継母や姉たちにいじめられ、家事も全部押し付けられていました。この原因はシンデレラの家庭での立場が弱いからです。父親が継母と結婚したころの経緯はわかりませんが、今となっては継母や姉たちからの命令を受け入れる立場です。これでは交渉力がありません。そのうえ自由の少ないシンデレラは、継母や姉たちと狭い世間だけが自分の世界になっています。その結果は、自分を取り巻くすべての力関係で、自分が圧倒的に弱い立場です。少しでも良い生活に変えるためには、力関係を改善する必要があります。一般的な方法は、少しずつ力関係を変えていくので

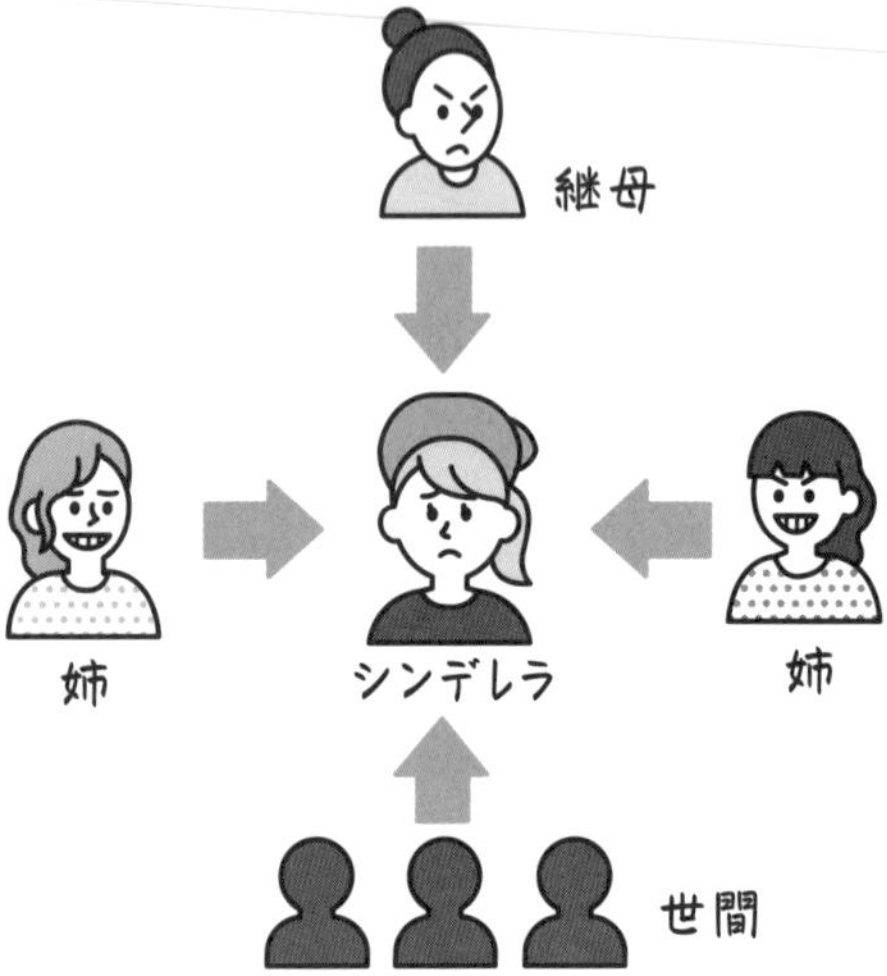

すが、とても時間がかかります。そこでシンデレラは、王子様の舞踏会という機会を使って、環境を一気にひっくり返すことにしました。王子様と結婚できれば、当然継母たちとの力関係は逆転します。世間との関係性や新しくかかわる人たちの間でも非常に有利な立場に収まることができます。ただ、力を借りた魔女との関係はしばらく大変かもしれませんが。

会社のおかれた環境を見る5つの力

会社も商売をしていく上で、様々な力関係にさらされています。会社を取り巻く様々な力関係の強弱は、経営に大きな影響を与えます。その中でも特に重要な力関係が5つあります。マイケル・ポーターが提唱した5つの力関係です。5F（ファイブフォース）と呼ばれます。

5Fは次の5つです。

・今いる市場内における既存企業との競争力
・売り手との交渉力
・買い手との交渉力
・新規参入者
・代替品の脅威

この5つの要素について自社を取り巻く力関係を分析する方法を5F分析と言います。

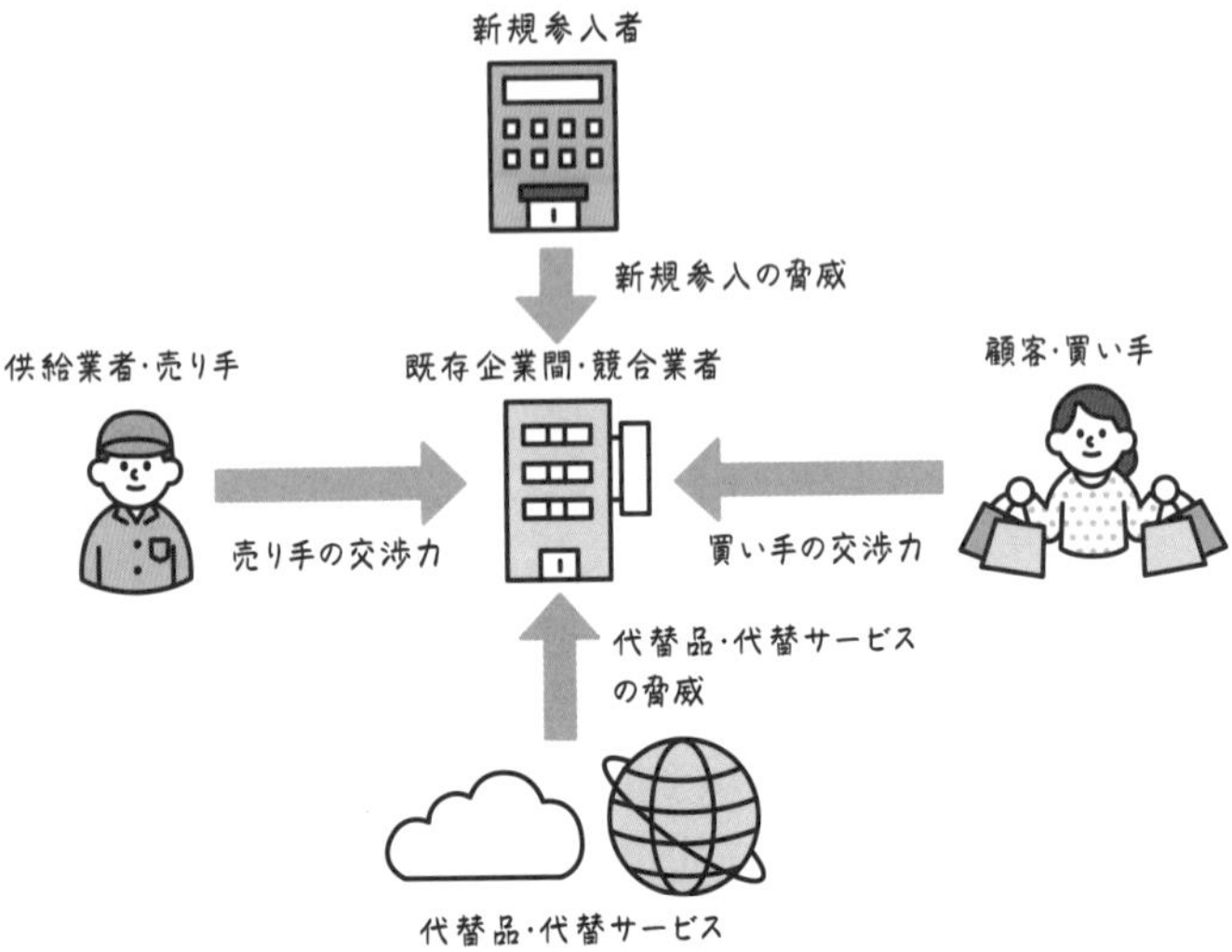

もし今の商売が
・同業者が多く競争が激しい
・仕入れ先や外注先の交渉力が強い
・お客様相手に値段を上げにくい
・新規参入業者が多い
・自社の商品にとって代わる新商品が多い

こういった場合には、会社はなかなか利益を出すことができません。一般的な飲食業の場合、すべてが当てはまります。競合は多いですし、良い商品の生産者や仲卸は交渉力が強く仕入れ値が下げられません。お客様は味と価格に敏感で値段にも敏感です。新規参入業者もとても多いです。近年では中食やコンビニのイートインなどの代替品がどんどん増えています。

これに対して、この5つの力がすべて弱い環境に会社が置かれている場合、多くの利益が出ます。法律で守られて独占状態になっている会社が典型的な例です。専売公社、電信電話公社、国有鉄道国鉄といった旧三社や、電力自由化前の電力会社などがありました。一般的な企業はこのような独占状況になく、多くの競合にさらされているため工夫が必要です。

シンデレラのようにポジションを覆せ！

継母たちとの力関係が弱かったシンデレラは、王子様と結婚することで、力関係を大きく改善することに成功しました。一般の企業ではここまで劇的な変化を起こすことは難しいですが、同じ視点で問題点を考えることは重要です。特に中小企業では5Fについて検討すると、おおむね弱い立場です。そのためビジネスモデルを調整したり差別化することにより、力関係を1つずつ変化させることが重要です。例えば、取引業者を増やすことで1社あたりの買い手の交渉力を減らしたり、ニッチ市場に専門化することで、新規参入の脅威を減らしたりします。差別化をすることで、市場内でのポジションを高めるなども挙げられます。

5Fの視点で考えてみると、ビジネスモデルを改善するヒントやきっかけが見つかります。5Fをもとに今の状況を改善していきましょう。

シンデレラからひとこと

弱い立場ではつぶされてしまうわ。少しでも自由が利くように立場を変えないとダメね。王子様を射止めたことで、周りとの関係性が大きく改善されてとても楽になったわ。

第7話

さるかに合戦

弱くても勝てる方法を考える！
子ガニと仲間たち。

子ガニが家に帰ってくると、母ガニが庭で倒れています。意識がもうろうとする母ガニに聞くと、どうやら嫌われ者の猿がやったようです。子ガニは誓います。

「なんということでしょう……母様！　仇は必ずとってみせます！」

しかし、そこで子ガニは困ってしまいます。弱い自分では猿には勝てません。何か別の方法が必要です。僕の武器は何だろう？　猿にやり返すチャンスはないだろうか？　子ガニは一生懸命考えました。

しばらく考えた子ガニは、涙を流しながら村中を歩き回り、多くの者に母ガニの大けがを訴えて歩き回ります。そうすると猿を嫌うものの中から子ガニに同情する者たちが現れました。「臼」と「ハチ」と「栗」と「昆布」です。

子ガニたちは猿をやっつける作戦を決めると、猿の家に向かいました。物陰から家の中をのぞくと猿がいません。どうやら遊びに出ているようです。準備をするには絶好のタイミングです。作戦通り、栗は炉の灰に潜り込み、ハチは水がめの陰に隠れ、昆布は敷居の上に寝そべり、臼が屋根裏へ上りました。

準備を終えてしばらく待つと猿が帰ってきました。寒い寒いと言いながら火で温まろうとする猿に、真っ赤になった栗が突撃します。勢いよく猿の鼻っ面にぶつかりました。あまりの熱さと痛さに猿が水瓶に向かうと、陰から出てきたハチが、針で猿の顔を何度も刺します。痛みから逃れようと外に走り出した猿を、敷居の昆布がひっくり返します。ひっくり返って空を見たのもつかの間、猿に向かって大きな臼が落ちてきました。勢いよくつぶされた猿は身動きができません。意識が薄れそうになる中、そこに出てきた子ガニは一言、

「母様の仇！」

と、猿の頭を力いっぱい叩きました。

弱いものでも戦略を持てば勝てる！

母ガニが負けるほど強い猿。子ガニは復讐を誓うものの腕力ではかないません。復讐するために子ガニは知恵を巡らせます。その中で、自分以外

の者に戦ってもらうことに気づきます。そうすれば、力を合わせて猿を倒せます。しかし、その仲間をどうやって手に入れれば良いのでしょうか？

子ガニは考えます。自分の特徴や村の文化を踏まえ、弱くてかわいそうな子ガニを演出することで仲間を募ります。その結果、猿に迷惑を受けた多くの仲間を見つけることができました。そうしてメンバーの強みを重ねて最後には猿をやっつけます。どうしてこのようなことができたのでしょうか？

自分と周りのことを知るＳＷＯＴ分析

経営戦略で頻繁に出てくる手法にＳＷＯＴ分析があります。ＳＷＯＴとは、Strengths（強み）、Weaknesses（弱み）、Opportunities（機会）、Threats（脅威）のそれぞれの頭文字を合わせたものです。この中で、強みと弱みは社内の分析なので「内部分析」、機会と脅威は社外の分析なので「外部分析」と呼ばれています。内部分析と外部分析を行うことで、「自

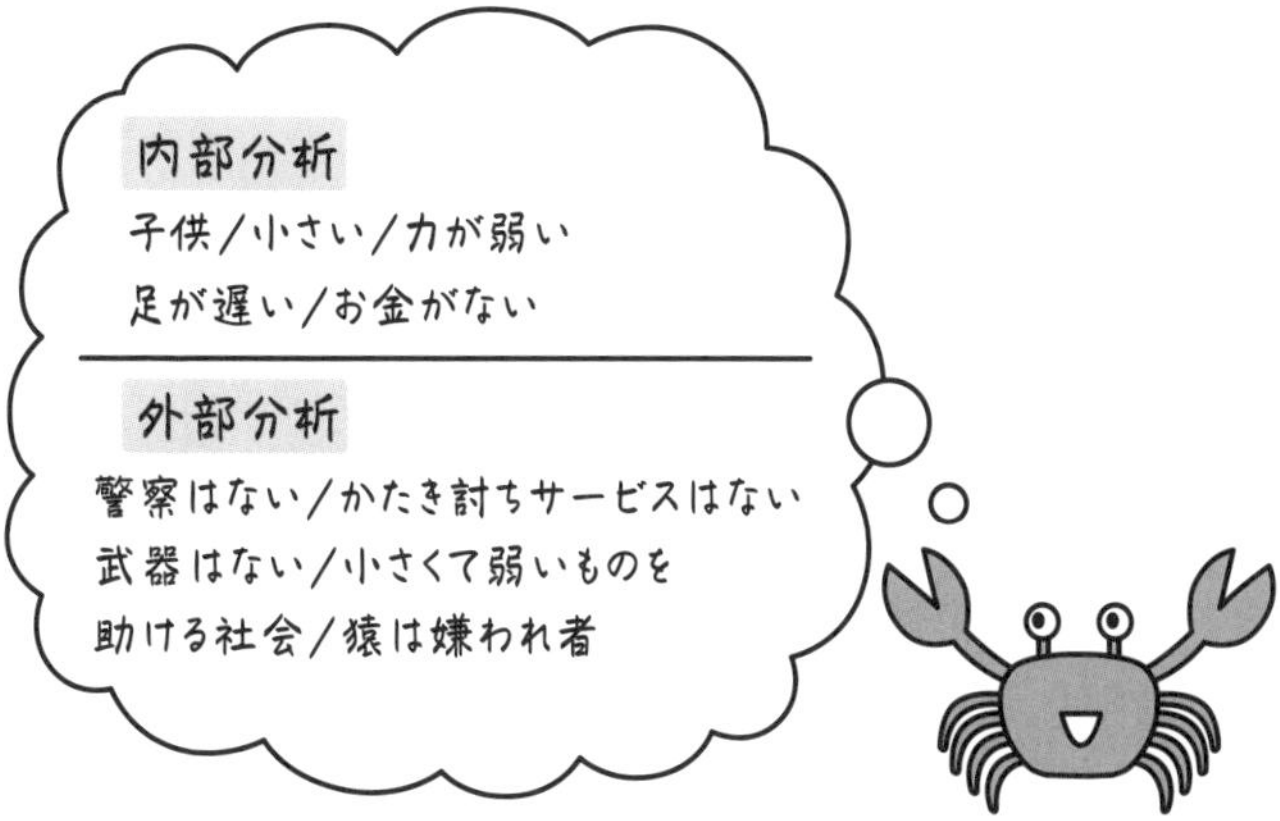

分のことと周りの状況を漏れなく分析する」という考え方です。それでは、さるかに合戦の子ガニが内部分析と外部分析を行ったらどうなるでしょうか？

上のイラストのように子ガニの状況を簡単に分析してみると、弱点ばかりで、いいところがなさそうです。でも、この時点ではそんなことは気にしてはいけません。内部分析も外部分析も、アイデアをたくさん出すことがとても大事です。思いつく限りのことをとにかくたくさん出します。他の人の意見を参考にしたり、違うことを考えたりたくさん出すことが大事です。

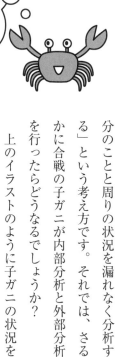

もし思いついたことが、内部と外部のどちらかがわからなかったら次のように分けてください。それは、「自分でなんとかなること」は内部、「何ともならないこと」は外部になります。例えば、お客様が集まりにくい理由がお店の立地という場合を考えます。立地を変えるには、お金さえかければ自力で変更できます。そのため立地は内部になります。しかし、法律で制限されている場合、法律は自力で変更できません。そのため外部になります。

内部分析は自分のことですが、外部分析は自分以外のことなので、なかなか思いつかないことも珍しくありません。そこで外部分析を行う場合は、次の4つを思い浮かべるとアイデア出しのヒントになります。それは、〝政治的なこと〟、〝経済的なこと〟、〝社会的なこと〟、〝技術的なこと〟です。この4つは外部的な要因として大きな影響を与える代表的なものです。ちなみに、この4つを使って外部分析をする方法をPEST分析と言います。Politics（政治）、Economy（経済）、Society（社会）、Technology（技術）

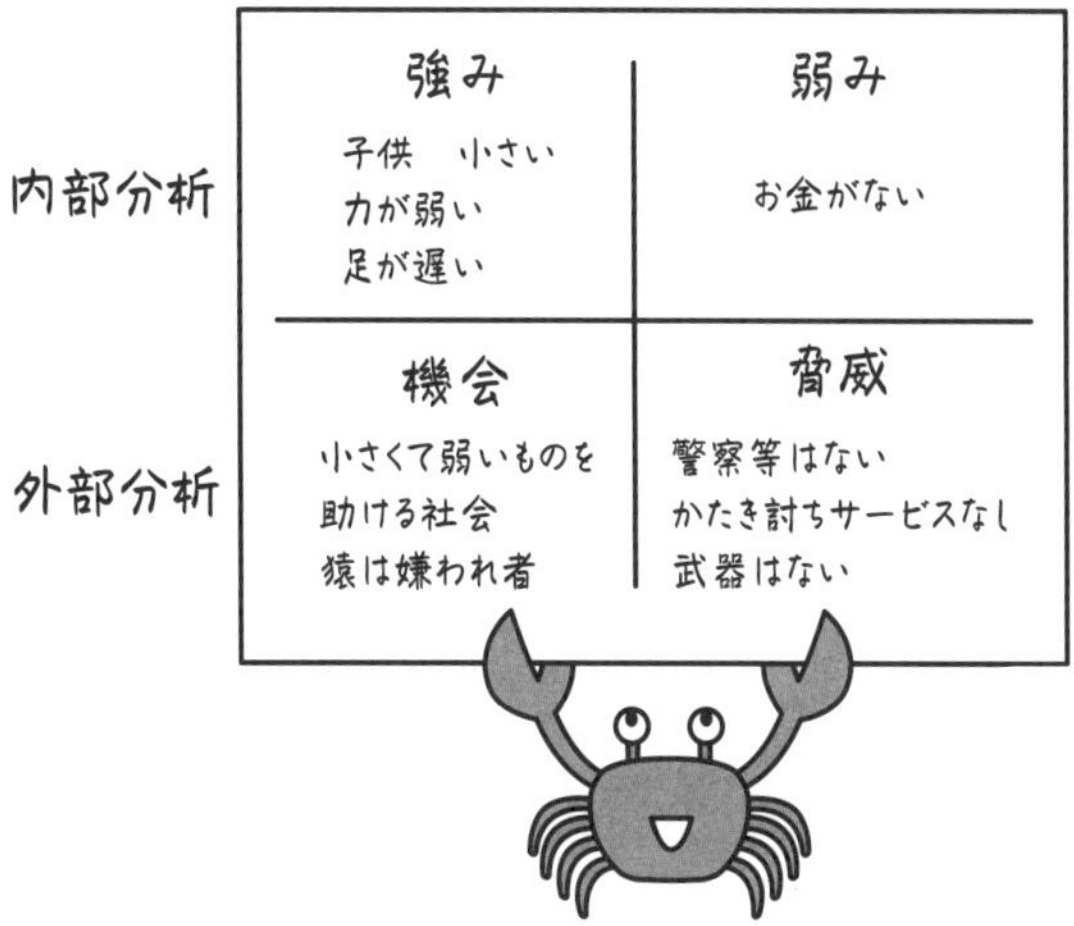

	強み	弱み
内部分析	子供　小さい 力が弱い 足が遅い	お金がない
外部分析	機会 小さくて弱いものを 助ける社会 猿は嫌われ者	脅威 警察等はない かたき討ちサービスなし 武器はない

の頭文字です。もちろん、これ以外にも外部的な要因があれば、どんどん挙げてください。

分析するときのポイント

先ほどの内部分析と外部分析を強みと弱みに分けてみましょう。どうなるでしょうか？　例えば、上のイラストのように分けることができます。

強みと弱みに分けるときに、どちらに分けていいかわからない場合は「えいや！」と決めてください。後で違うなぁと感じたら入れ替えてかまいません。

子ガニの内部分析の結果を見ていただくと疑問に思うかもしれません。それは、強みに「子供、小さい、弱い、遅い」があるからです。普通に考えると弱みになりそうです。しかし、機会である「小さくて弱いものを助ける社会」とか「猿はみんなに嫌われている」を根拠に、猿への復讐を考えます。すると、「子ガニにとって強みとして活用できるのではないか？」と考えることができます。実際に、泣いた子ガニの復讐を皆が助けてくれました。このように状況によって、「強み」と「弱み」、「機会」と「脅威」は大きく変わります。例えば、少子高齢化という場合、子供相手の商売を行っていれば脅威ですが、高齢者向けサービス業者なら機会ですよね。このように内部要因や外部要因は単なる事実です。その事実をもとに自社の商売と比べるとどうなのか？　ということが関係してきます。

子ガニからひとこと

長所・短所と簡単に決めないで、自分や村の文化等、とにかくたくさん考えたんだ。そうしたら、こんな弱い僕でもにっくき猿にやり返すことができたんだ。

母様、やりましたよ！

第8話

かさ地蔵

お地蔵さんのおかげでハッピーエンド？
いやいや、経営者なら笠を売って餅を買おう！

「腹が減ったのう。もうすぐ正月だというのに、食べ物は少しだけ。困ったのう。正月なら餅ぐらい食いたいのう」そうして家中探してみたものの食べ物は見つかりません。それでもしつこく探してみると藁が出てきました。

「こりゃあ素晴らしい。この藁でわしが笠を作って、街で売ってこよう！ばあさんや、任せとけい！　わしのセールストークでばしばし売って、餅をたっぷり買ってきてやるわ！」と言って家を出たものの寒くてたまり

ません。

「寒っ！　寒っ‼　爺の身にはこの寒さは堪えるわい！　笠はいらんか！　笠、買えや。年寄りが困っとろうが！　買えって。買ってくれって！　へい！　そこのお嬢ちゃん、笠買わない⁉」

誰も買ってくれません。

「うーむ、誰も買ってくれん。薄情な奴らばっかじゃなぁ。なんか雪が降って風も吹いてきた。このままだと吹雪いてきそうだし。吹雪くと嫌じゃなぁ。寒いし帰るかな」

おじいさんはあまりに寒かったので売れない笠を持って帰ることにしました。

「しかし、あれだけ言って出てきた手前、持って帰るのはカッコ悪いのう」と歩いていると、道すがら、6体のお地蔵さまが吹雪にさらされているのに気づきました。

「そうだ！　お地蔵さまが気の毒で笠をかけてあげたって言えば、ばさまも文句は言えんじゃろ。地蔵さんにかけてっちゃろ！　わしは持ち帰って困る、地蔵さんは雪が避けれる。Ｗｉｎ－Ｗｉｎじゃ!!　1、2、3、4、5。あれ、笠が一つ足らんじゃないか。しょうがない、仲間外れにするわけにもいかん。わしがかぶっておった手拭いで悪いがこれで我慢してちょーだいな。地蔵さんや、来年こそはよろしくな。さて、早く帰らんとばあさんに叱られてしまうわい」

さて、そそくさと帰ったおじいさんは、地蔵がとてもかわいそうだったことを、おばあさんに猛烈にアピールします。おばあさんは、またかと飽きれ顔です。それを遠くから仏の目で見ていた地蔵たち。あまりにおばあさんが気の毒になり、見るに見かねて夜には贈り物を持ってきたそうです。

めでたしめでたし？

売れないことには理由がある

明日は正月なのにお餅の一つもありません。困ったおじいさんは街に笠を売りに出かけます。ノリと勢いで売ろうとしましたが、一つも売れずに帰ることになりました。あまりのおじいさんの行動に、おばあさんが気の毒になった地蔵たちは贈り物を持ってきます。なんとか正月は楽しく過ごせそうですが、本当にこれってハッピーエンドでしょうか？

というのも、今のおじいさんたちは、自分たちで稼ぐことができていません。贈り物で一時的に乗り切ることができますが、贈り物を食べきってしまえば次がありません。本当は、自分たちで笠を売れる力が必要です。

では、なぜおじいさんは笠を売ることができなかったのでしょうか？　理由はとても簡単です。それは、売りに行った場所に笠が欲しい人がいなかったからです。年末の忙しい時期に、笠を買っているどころではなかったのかもしれません。雪の多い地域なので、みんな持っていたのかもしれません。おじいさんは、こういったことをきちんと考えず、藁があったから笠を売ると単純に考えました。つまり、市場の調査や分析を行っていません。これでは市場でのニーズにあった商品にはなりません。

きちんと考えることは当たり前で、おじいさんみたいな馬鹿なことはしないと皆さん思いませんか？　しかし商売の状況を見ていると珍しくありません。おじいさんと同じように、売るもの（商品）と、売る値段（価格）と、売る場所（地域・店舗）、売り方（販売方法）を先に決めてしまう人は珍しくありません。売りたいものを売るのではなく、欲しいものを売らなくてはいけないのです。

売れるところまで分解する

市場分析をするには様々な方法があります。その中で最も基本的な方法にＳＴＰ分析があります。Segmentation（セグメンテーション）、

Targeting（ターゲッティング）、Positioning（ポジショニング）の頭文字をとったものです。セグメンテーションとは市場を分けてグループ化することです。例えば、年齢・性別・仕事・給料・学歴・家族・住居・宗教・文化・趣味・価値観・好き嫌い等で分けていきます。その中で、ターゲッティングとは対象となるお客様を選ぶことです。例えば、「30代～40代の女性で子供がいて乗り物好き。子供と楽しむのが好きで、安い物より良いものが欲しい」というように対象を選びます。

このように対象となるお客様を選んだら、ポジショニングでは、そのお客様に自社の商品・サービスを売り込む方法を考えます。この時、ターゲットの選び方がポジショニングに影響します。例えば先ほどのように、ターゲットを「女性」とした場合より、「30代～40代の女性で……良いものが欲しい」としたほうが、欲しいと思う商品やサービスがわかりやすくなります。わかりやすくなることで、ターゲットが共感する差別化や売り込み方法が明確になります。明確になることで、より強く訴えるポジショニ

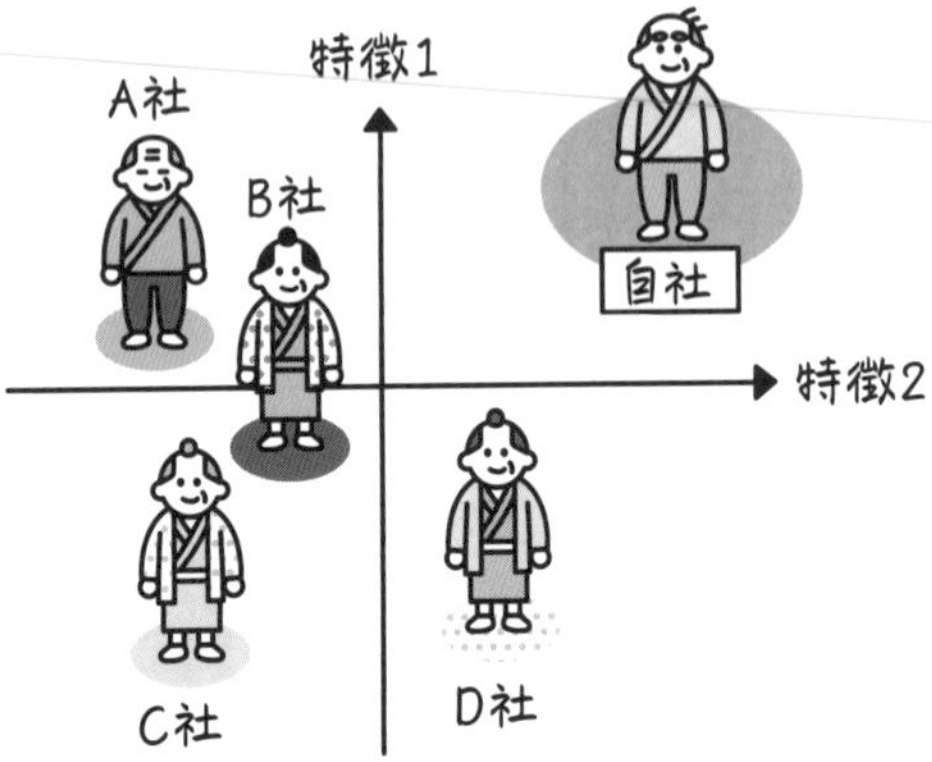

ングが行えます。ポジショニングのやり方は、2軸で考える方法が一般的です。このような図になります。

やり方は、他社と差別化できる軸の候補をたくさん考えます。そのため、軸の候補には自分の会社の強みや他の会社にない特徴が該当します。その中から、競合他社との違いをアピールし、ターゲットが一番共感する軸を2つ選びます。

理屈の上では、はっきりと区別ができる状態を作り、そのお客様にあった商品やサービスを提供できれば売れます。しかし現実は簡単ではありません。資金や人材・時間・強み・特技等、会社には様々な制約があります。その中で商品・サービスを作らなくてはいけません。この時に4つの要素が考えるヒントとなります。

4つの要素は4Pと呼ばれています。Product（商品・サービス）、Price（価格）、Place（流通）、Promotion（広告宣伝）の4つの頭文字をとったものです。自社の制約の中で、4Pを検討しつつ先ほどのSTPとすり合わせていくことが現実的な仕事になります。

おじいさんはどうすればよかったのか?

おじいさんとおばあさんの手元には藁とちょっとした山で採れるものしかありません。でも、おじいさんとおばあさんは藁で物を作るのが得意なので、いろいろなものが作れるとしましょう。ただし、今お金が必要なので、すぐ作れるものでなくてはいけません。つまり、今すぐ藁で作れるもので、かつ売れるものでなくてはいけません。そのため、商品（Product）が限定されます。また、今すぐお金が必要なので、近くの場所で売ることになります。そのため売り場(Place)も限定されます。もちろん価格(Price)もある程度範囲がありますし、広告宣伝（Promotion）は直接販売で行う必要があります。こうした制約を踏まえて、ＳＴＰを考えつつ、商品（Product）を検討していきます。

時期を考えると翌日は正月というビッグイベントです。おじいさんたちが売れる量は少しだけなので、ターゲットがピンポイントのほうがお客様に響きそうです。セグメンテーションでは性別などではなく、状況で絞ります。資金、性格、環境で絞りましょう。ターゲッティングでは、資金は余裕があり、忘れっぽい性格で正月に必要な準備を忘れていた人です。例えば、正月飾りが商品（Product）になるかもしれませんね。

実は笠を選んだことは悪くなかった？

お話の流れを読んでいくと、笠を売ることは目の付け所は悪くなかったのです。ただ、売っていたタイミングが良くありませんでした。悪かった

のは、売り場（Place）と広告宣伝（Promotion）です。寒くなり雪と風が出てきたら、おじいさんは帰ってしまいました。しかし、吹雪くまでちょっと待ってから売ったらどうでしょう。売り場（Place）は吹雪はじめた街になります。商品（Product）は吹雪はじめた街ではなくて、「風邪を引かないで正月を迎える」に変更します。広告宣伝（Promotion）では商品（Product）を前面に押し出します。つまり、「正月を前にして冷たい風と雪に打たれたら風邪を引いてしまう。この笠を使えば、突然の吹雪を避けて、風邪を引かない

で済む」を価値として伝えます。このように考えれば、かさ地蔵のおじいさんも、自分の力でお餅を買って帰ることができたのです。

おばあさんからひとこと

悪い人ではないんですが。ちょっと考え足らずというか思い立ったら一直線というか。行動力はすごいんだけど一歩立ち止まって考えてくれると、もっとうまくいくわね。

第9話

こぶとりじいさん

得意を活かす、得意をのばす。
中小企業が市場で戦う基本的な考え方。

～株式会社オーガ企画のある日の経営会議にて～

鬼課長　「狭い鬼社会ではイベントの開催回数も限りがあり、我々オーガ企画は頭打ちになっています。理由は、お祭り大好きな鬼社会でイベント会社が乱立しており価格競争が激しいためです。前回までの会議では、市場調査や商品開発等を検討してきたため、今日の会議では今後の方向性を決めましょう」

鬼経理　「現在の財務状況です。ノベルティグッズ制作や、イベント時の映像をまとめて映像商品として販売することで、収益の減少をなんとか食い止めているものの、収益状況は徐々に厳しくなってきています。新たな商売の柱を作っていかなければ、来期には赤字転落かと」

鬼企画　「物販は試行錯誤の甲斐もあり、一定の収入は得ています。ただ、もともとイベント制作会社であり、物作りでは他社との競争に勝つのは困難です。やはり本業の強みで勝負をすべきだと考えます」

鬼営業「吉備津桃彦や一寸名命により同期の問題児がつかまり、人社会では徐々に鬼への見方も変わってきています。今こそ、人社会へ進出するタイミングだと思います！」

鬼社長「我々の強みであるイベント企画力を活かして人社会で成功すれば、鬼と人との融和もますます進む。とはいえリスクも大きい。まずは小さく試してみることにする」

こうして、株式会社オーガ企画は人社会への進出を決定。まず、小さなイベントに人を呼び市場調査をすることにしました。とはいえ、鬼と人との関係を考えると、いきなり招待をするのは難しく、最初は偶然を装うことにしました。

そうしてイベント計画を進めつつチャンスをうかがっていると、森に来たおじいさんが雨宿りをしながらうたたねしているのを発見します。オーガ企画の面々は急いで準備を行うと、おじいさんに聞こえるようにお祭りを始めました。計画通り、おじいさんはお祭りに参加。鬼におびえることもなく楽しそうに踊りだし、一晩を過ごしました。朝になりほろ酔いのおじいさんにアンケートを取ってみると、非常に好印象です。しかし、ここで返してしまっては情報が足りません。おじいさんのこぶを預かり明日も来てもらえるように約束しました。

次の日、来てくれるか心配して待っていると、予定時刻より前におじいさんがやってきました。約束通りに来てくれたため、期待が高まります。しかし、おじいさんの様子をうかがっていると昨日のように楽しそうには見えません。一晩たって冷静になってしまったか、鬼におびえているのか、踊りのキレもありません。アンケートをとろうとするものの、おじいさんはしどろもどろです。人社会への進出は一筋縄ではいかないようです。今後は方向性を変えつつ市場調査の継続を行うこととしたものの、おじいさんにこぶを返して帰ってもらうことにしました。

得意な分野で勝負する

株式会社オーガ企画は、鬼社会でのイベント企画の収益が伸び悩みます。イベントに付随する形で、ノベルティグッズの制作や記念映像の販売等、主要業務に付随する新商品を開発しますが、収益は改善できませんでした。もともと、イベントの企画・運営に強みがある会社であり、新商品・新サービスとして物販での追加収入を得ようとしたものの、本業であるイベント企画の件数が減ってしまったことに対応できなかったようです。

そのため、経営会議ではイベント企画という自社の本業を活かすために人社会への進出を検討しました。とはいえ、鬼と人との関係はまだまだ微妙な時期です。大々的に始めるのではなく、まずは実証実験を行う中で、人の鬼に対する意識調査や人の反応を見ることとしました。ここで誤算だったのは、鬼と人との関係がまだ希薄だったことで人の顔の見分けがついていなかったのです。新市場の知識がもうちょっと必要だったようです。

商売では強みを活かすこと

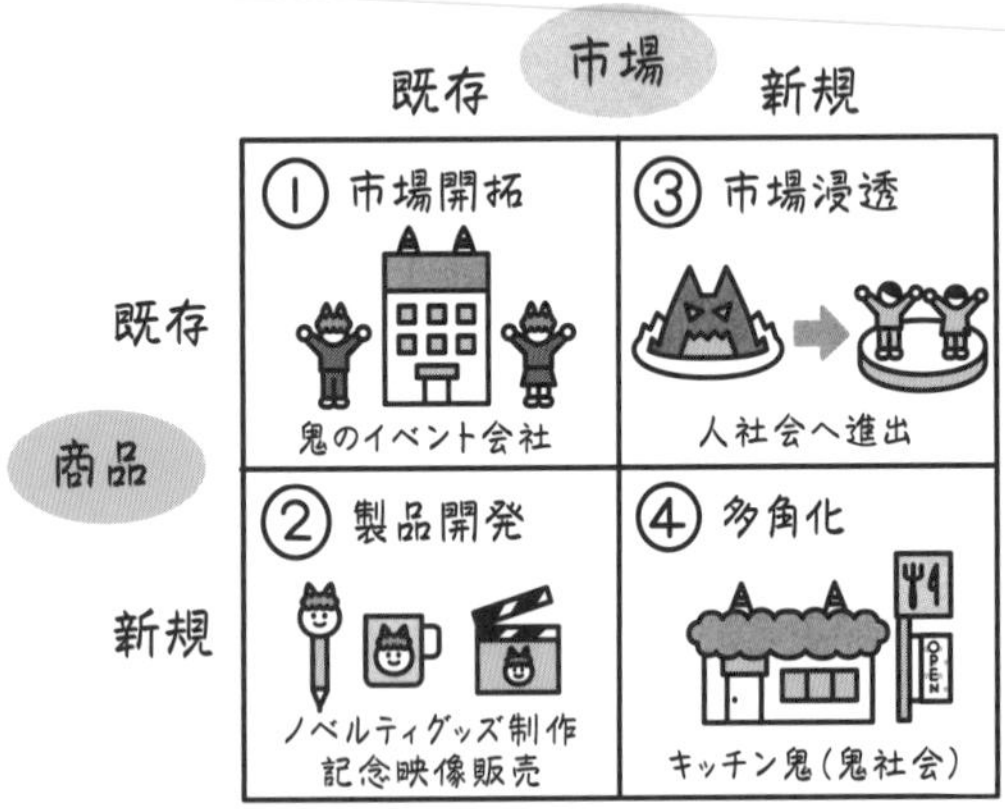

市場は変化も競争も激しいため、商売には常に変化が必要です。変化をする時、どのような経営を行うかは、業績に大きな影響を与えます。このときに重要な考え方が上の図です。この図はアンゾフマトリックスと呼ばれています。経済学者のイゴール・アンゾフが考えたものです。アンゾフマトリックスでは、商売を変化させる時の方向性を4つに分解しました。

①の市場浸透とは、今の市場で競争優位に立つ戦略です。提供する商品・

サービスもお客様の層も変えません。その上で、新しい観点を加えるなど、ライバルと差別化します。②の製品開発とは、今商売している市場に新しい商品・サービスを展開することです。お客様の層は変えません。③の市場開拓は今展開している商品・サービスをまったく新しい市場に展開することです。例えば別の地域に出店するなどです。今回の例では人社会へ進出しました。④の多角化は新たな市場に、新しい商品・サービスで挑戦することです。つまり、今までの商売とは別の、新規の商売を始めます。商売を変化させるときには①⇓②⇓③⇓④の順で検討していくことが一般的です。なぜならこの順番が、リスクが最も低く自社の強みを効果的に活かせる順番だからです。

隣の芝生は青く見えるため、まったく新しい市場は成功しそうに見えます。しかし、その市場にはその市場のプロがいます。そんな中に強みを持たない会社が参加することは、苦手な分野で戦うことに似ています。アンゾフマトリックスの④多角化では、株式会社オーガ企画が、鬼市場で飲食店「キッチン鬼」を計画しています。しかし、本当にうまくいくでしょうか？

中小企業の多角化は資本で勝負することが難しいため、最低限、現在の強みとのシナジーが必要です。オーガ企画の強みとキッチン鬼とのシナジーを考えると、オーガ企画のイベントでの食事提供をキッチン鬼が行ったり、オーガ企画の広告宣伝能力を活用することができそうです。そういった意味では、まったく可能性がない商売ではありません。しかし、鬼市場にも多くの飲食店があり、このような企業に勝たなくてはいけません。強みとのシナジーだけで勝てるかは、一種の賭けになりそうです。

株式会社オーガ企画の戦略

株式会社オーガ企画は、現在の市場での収益低下にたいして様々な対応を行いましたが徐々に売上が低下していきます。これを阻止するために、②の新商品開発を行いました。これは、既存のお客様への販売であり、主要な商売との関連性も高く収益につながりました。しかし、自社の強みを活かした新しい商売ではなかったため、収益の柱までは成長させることができませんでした。関連商品の物販による追加収入は基本的な手法ではありますが、主たる商売がうまくいかなければ、追加収入も増えません。収益を高めるために、自社の強みを活かし、それだけでお客様が獲得できる新しい商品・サービスの開発を考えるのも一つの方法ではないかと思います。

実際の経営では、どのような会社でも一番詳しいのは現在の専門分野です。その分野での勝負が中長期的に見て苦しいからこそ、新分野への進出を検討します。その時は、いかに既存の強みを活用できるかによって、成功確率が大きく変わります。新分野への進出では、まず検討すべきは④ではなく、②や③になります。②や③でも困難な場合に思い切って事業構造を改革する場合が④の選択となります。

鬼社長からひとこと

わが社の新商品開発⇒新市場展開という流れは悪くなかったが、自社の強みを活かす事前準備が十分でなかったのが敗因です。今後は今回の失敗をもとに計画を改善することが第一。自社の強みを十分に活かして再度、新商品・新市場への進出を行います。

第10話

おいてけぼり

お化けたちの連携プレーで作る強い恐怖。真の恐怖を与えるためには?付加価値を積み上げる!

最近、お化けのうわさが広まったせいか、すっかり人が来なくなった「おいてけぼり」に、招かれざる来客がありました。村の頑固者の吾作です。どうやら、勇気自慢をするため釣った魚を見せつけるつもりのようです。そんな様子を陰から見ながら「おいてけ~」と声をかける、おいてけお化け連合の面々たちがいます。しかし、吾作は声を無視して魚を持ち帰ってしまいました。そこでお化け連合は、お化けボスの指示のもと「おいてけ

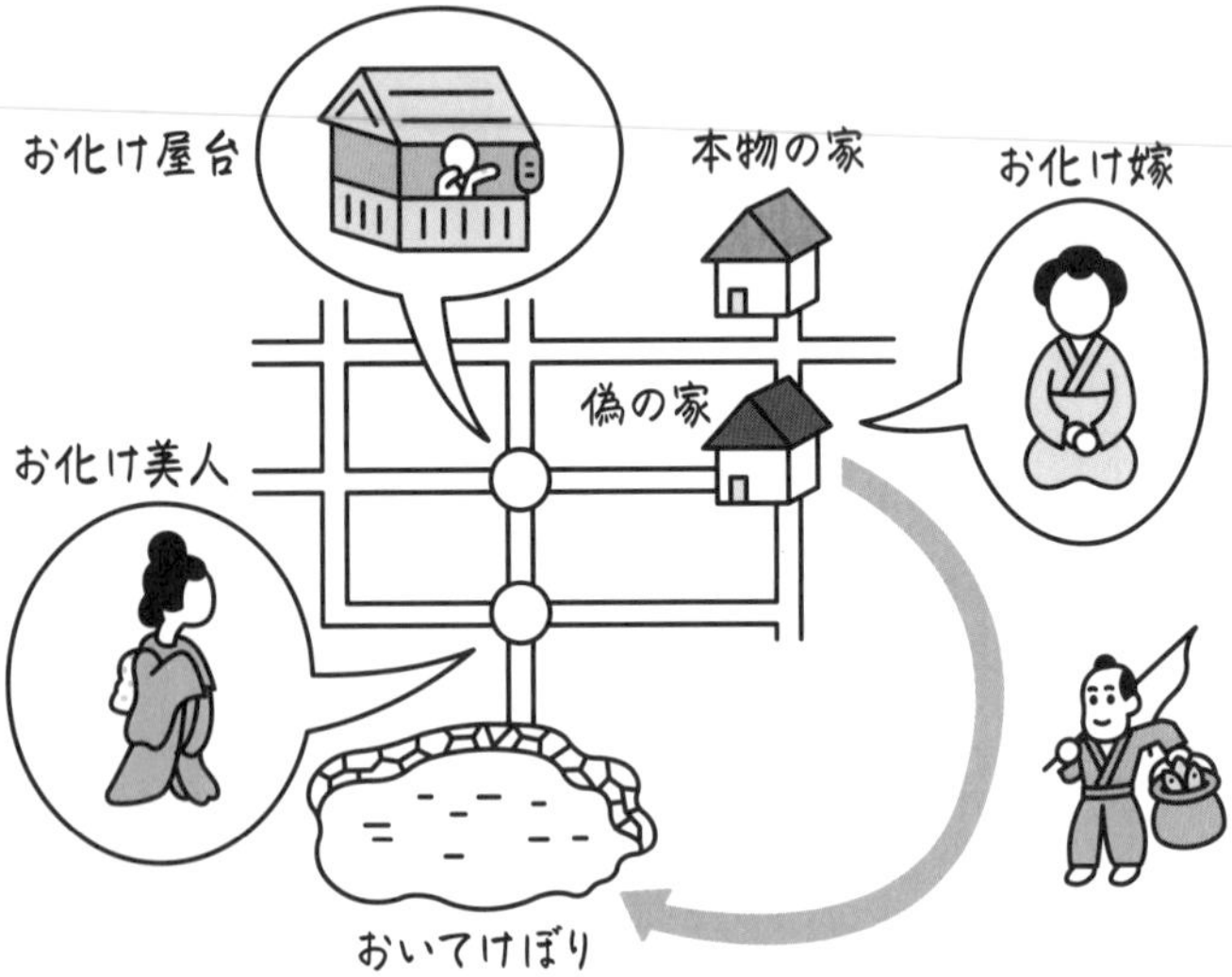

のっぺら作戦」を実行します。

お化けたちは担当位置に先回りして吾作を待ちます。そんなことはつゆ知らず吾作は釣った魚を魚籠に入れゆうゆうと歩いてきます。柳の木まで歩いてきた吾作にお化け美人が声をかけます。

「そこのイケメンの旦那さん、魚を売ってくださいな」

しかし、吾作は嫌だと断ります。そこで、すかさずお化け美人は「これでもかえ?」とのっぺらぼうに!!　さすがの吾作も必死に逃げ出します。しかし、これに焦ったのはお化け美人。吾作が予定と違うほうへ走り出したからです。

お化けボス「お化け屋台へ、吾作は北へいかず西へ行ってしまった。対応を頼む!」

これを聞いたお化け屋台は必死に西に走ります。なんとか吾作よりはやく交差点へ着くと、息も絶え絶えのところへ吾作がやってきました。吾作は一息入れようと屋台に座り亭主にさっきの話をします。するとお化け屋台は「ぜぇぜぇ、こんなんだったかい? ぜぇぜぇ」とのっぺらぼうに。荒れた息が怖さを増し、吾作は東へ一目散に走ります。お化け連合はなんとか予定通りの道へ吾作を戻します。必死に走って(偽物の)家に着いた吾作は嫁さんにことの顚末を話します。するとお化け嫁は「あなたが見たのはこんなだったかい?」とのっぺらぼうになるではありませんか。これにはさすがの吾作も気絶してしまいました。集まったお化け連合は、魚を取り返し、屋台の荷台に吾作を積むと、おいてけぼりふもとの草原へ吾作を運ぶことに成功しました。

恐怖を作るおいてけぼり連合

おいてけぼりのお化けたちは、吾作を驚かすために、「おいてけのっぺら作戦」を実行しました。作戦の目的は、吾作から魚を取り返すことです。そのため、各お化けたちが、お化けボスの指揮のもと吾作を驚かします。しかし、吾作は逃げ出すものの魚を置いていってくれません。3人のお化けが連携して、ようやく吾作を気絶させ、魚を取り返すことに成功します。そして、二度とこのようなことが起きないように、おいてけぼりふもとの草むらに運びます。これには吾作もさぞや驚いたことでしょう。それもこれもお化け美人、お化け屋台、お化け嫁が、お化けボスの指示を受けて恐怖を積み重ねたからです。

恐怖というバリューを作る連鎖

お化け連合は連携することで強い恐怖という価値を作り上げます。この

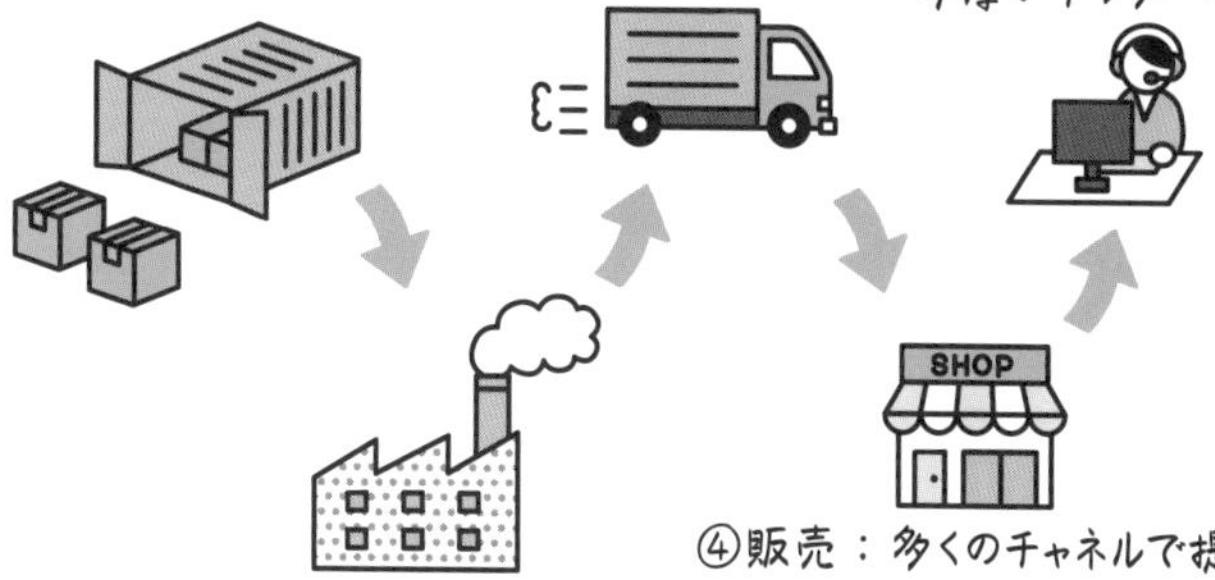
①購買：高品質な材料
②製造：高い技術、短期間での製造
③物流：早期配送
効率配送
⑤サービス：
手厚いアフターサービス

最後に出来上がった気絶するほどの恐怖（価値）は個々の小さな恐怖（価値）が積み重なったものです。このように大きな価値を作る小さな価値のつながりをバリューチェーンと呼びます。価値のつながりそのままですね。モノ作りの会社を例にあげると上のイラストのようになります。

このように商品と言う価値を届けるため、個々の部門で価値を積み上げていきます。このように個々の部門が作り上げる価値を部門別の付加価値と言います。つまりバリューチェーンは付加価値を積み上げて価値を作る流れを表したものです。

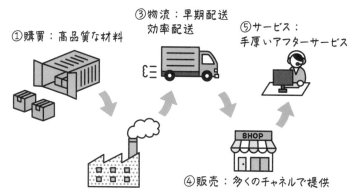

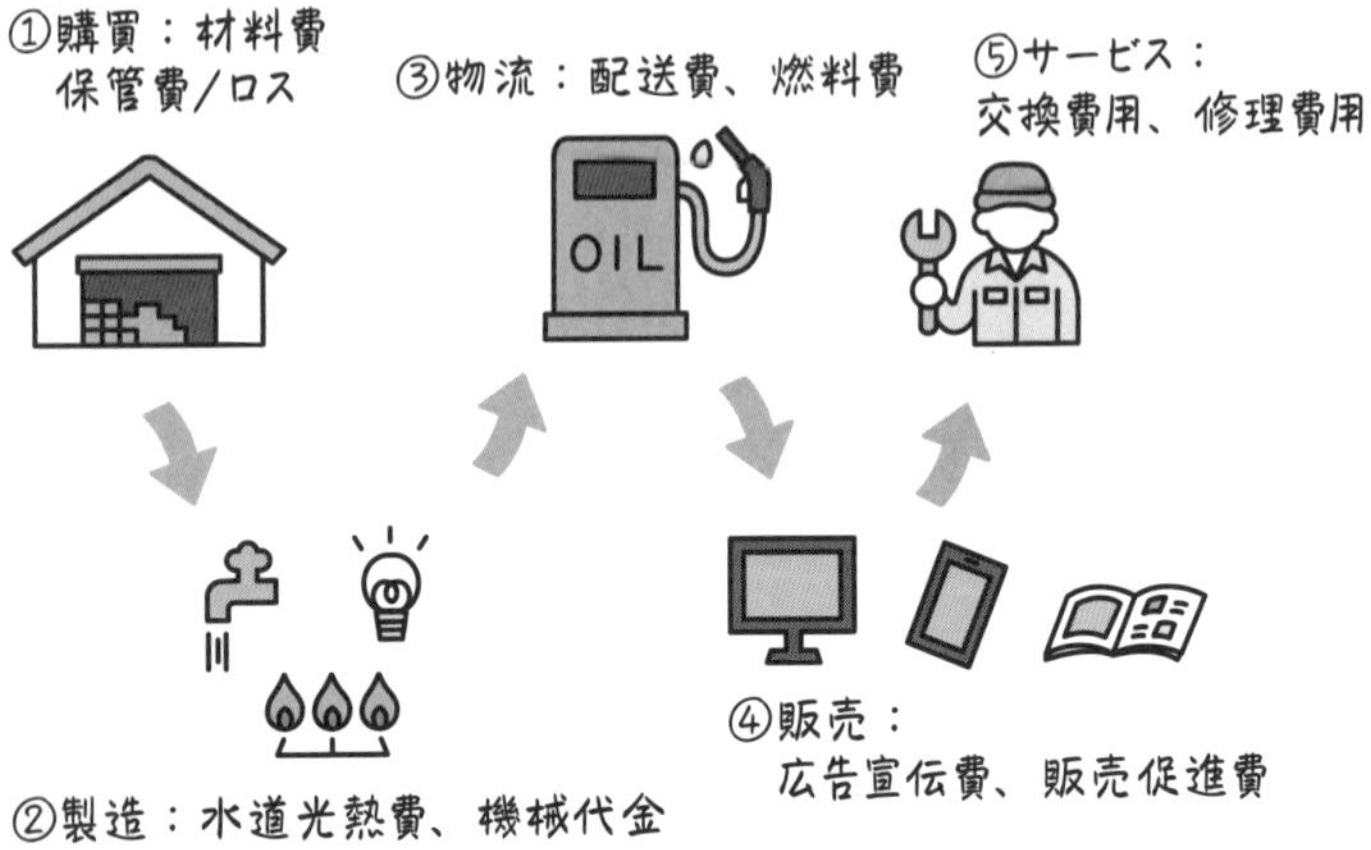

※すべての部門で人件費

バリューチェーンはコストチェーン

このように付加価値をつなげて一つの価値を作るバリューチェーン。それぞれの価値を作る場所では、コストも発生しています。例えばお化け屋台では、吾作は屋台に座り気持ちを落ち着けたところで、店主がのっぺらぼうになります。屋台という道具を使うことで、気持ちの揺れが大きくなるため強い恐怖(付加価値)を作っています。しかし、そのために必要な屋台には当然コストがかか

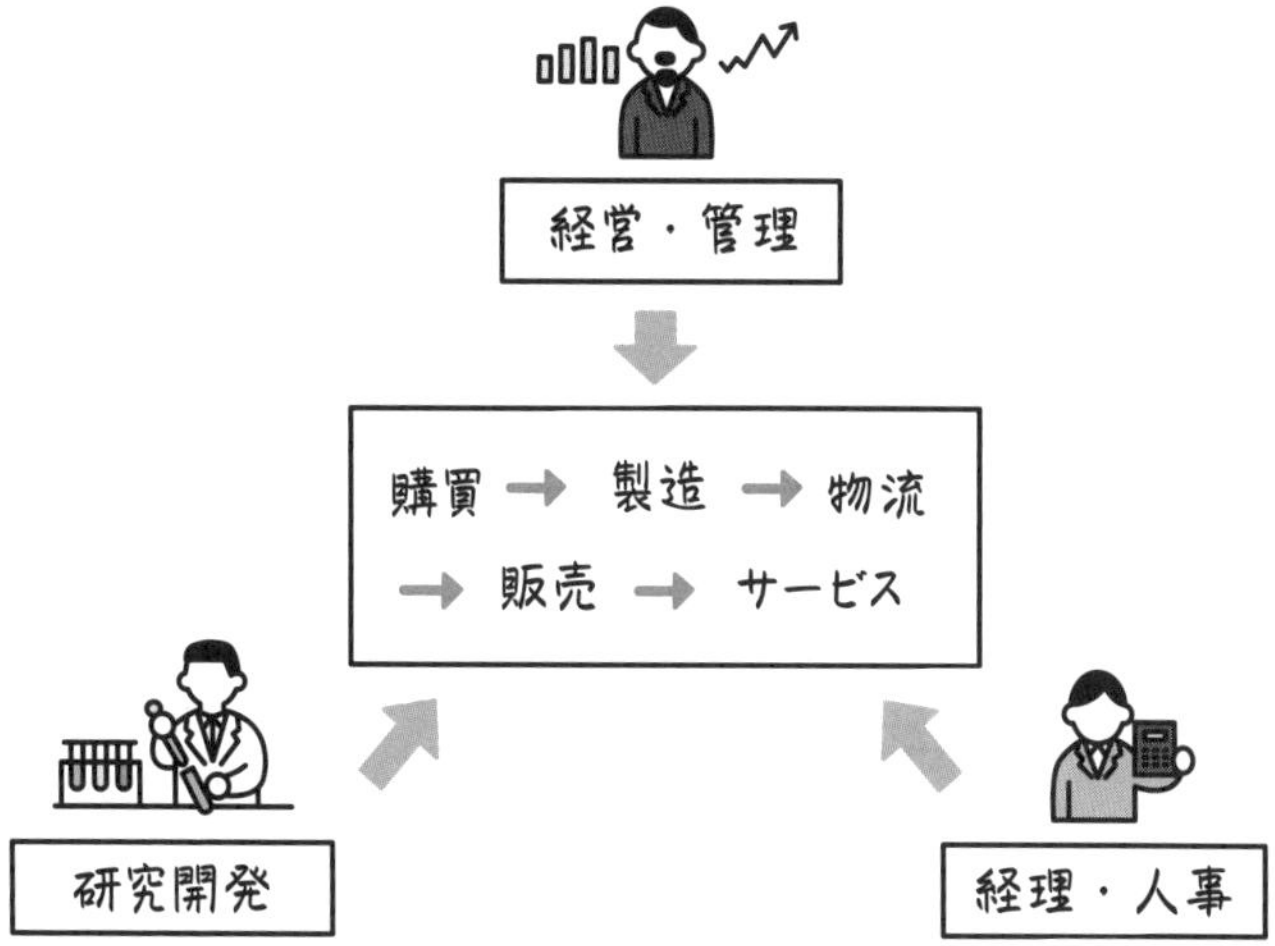

ります。モノ作りの会社で使う機械もそうですね。

バリューを生み出すためには、人・モノ・情報などの活用が必要です。そのためには個々の部門でコストが発生します。つまり、バリューチェーンはコストチェーンでもあるのです。

バリューチェーンにはスタッフも参加

モノ作りをする会社には、計画・仕入れ・製造・出荷・販売以外にも多くの部門があります。例えば人事部門や経理部門です。お化け連合で言えば、お化けボスにあたります。お化けボスは恐怖の連鎖を作るメンバーには含まれていません。つまり、直接、付加価値を作っていません。しかし、お化けボスはいなくても良いでしょうか？　そうではないですよね。お化けボスがいないと全体のコントロールができません。会社における経営や経理部門も同じです。直接、価値を作っていませんがいなくなると困ります。つまり、このようなメンバーも間接的に付加価値を作っていると言えます。

全体の価値を最大化

全体の価値を作る過程を分解することで、各部門で作り上げる価値と必要になるコストに分けることができます。商売の場合、理想的な考え方は、各部門の価値とコストを金額に置き換えて、その差を最大化することです。しかし、現実的には各部門の価値を金額に置き換えることは難しく、次の3つの方法を行います。

●コストを維持したまま価値を高める
●価値を維持したままコストを下げる
●コストを今よりかけて価値をそれ以上に上げる

といった方法を考えます。ちなみに、「価値を下げてコストをそれ以上下げる」という方法はとってはいけません。価値を下げるとお客様は離れてしまいます。また価値を下げてしまうと、価格でしか勝負ができません。

中小企業では価格競争が激しくなると商売になりません。

お化けたちの場合も、「各人が作る恐怖」を「全体の恐怖」や「各人のコスト」と比べることは簡単ではありません。そのため、今の恐怖を維持したまままもっとコストを下げられないかとか、今のコストのまままもっと恐怖を与えられないかと考えます。例えば、お化け美人のところで吾作は予定していた方向と別の方向へ走りました。今回はなんとか対応できましたが、失敗する可能性があります。しかし、やり方を工夫することでいつも目的の方向に走らせることができれば、価値はそのままですが、コストを下げることにつながります。

会社が生み出している価値を高めるために、個々のプロセスに分解すると、改善点がとてもわかりやすくなりますよ。

お化けボスからひとこと

おいてけぼりに誰も来なくなるような強い恐怖を与えるためには、全員の連携がうまくいくことが大切です。各担当だけがうまくいくのではなく、全体がうまくいくことにこだわっています。

第11話

わらしべ長者

藁から始まる長者道。
1本の藁に興味を引き付けたことが成功のカギ。

マジかよ観音様!! 藁スタート? パネェよ。いくら俺が貧乏だからって、藁スタートで成功させろってこと? アンビリーバボーだよ! 観音様のお告げじゃなきゃ絶対信用できねぇ!

でもねー、藁だけ持っていても絶対に何も起きない自信がある。なんか工夫しないと……。おっ、アブが飛んでる。こいつを縛っておいたらおもちゃにならないかな。ヒュッ(世界レベルの左パンチ)。さすが俺、一発でアブを捕まえた。さて、こいつを縛って……と。

ブンブンブンブン。

うっさい……。失敗だったかもしれん。アブがうるさい。とにかくうるさい。どうしよう。でも俺がうっさいと思うなら、周りもきっと興味を持つはず。

さてブンブンしながら歩いていると、こぎれいなボ……お子様がお母様に連れられている。GOOD! お子様ナイス! やっぱ、興味あるかなーと思ったんだよ。藁とアブが蜜柑に変わったよ。やったね。でもなー、観音様。ここでおしまいってことはないよね。これだけじゃあ、おやつ止まりだよ。この蜜柑。食べたいところだが、観音様を信じて我慢だね。

さっすが観音パワー。なんで道の真ん中にのど乾きまくった商人がいるのよ。砂漠にペットボトルを地でいってるよ。蜜柑が反物に変わったよ。よく見ると生地薄い気がするけど。でも1本の藁が反物ってスゲーよ！どこまで成功するわけ！　なんて考えて歩いていたら反物が馬に、馬が屋敷に化けた！　すごいね、観音パワー。未来が見えてないと無理っしょ!!

なにごとも知ってもらうことから始まる

観音様のお告げを受けた軽い男は、転んだ拍子に拾った藁を元手に、藁⇓蜜柑⇓反物⇓馬⇓屋敷とわずか4回の交換で、家と土地を手に入れてしまいました。わらしべ1本からの、わらしべドリームですね。しかし、わらしべドリームのきっかけは、たった1本の藁を興味が引くものに変えたことです。ただの藁を持っていただけでは、それが蜜柑に変わることはありません。その後の登場人物も不自然極まりないのですが、わらしべを蜜柑に変えたことこそがドリームロードへの分岐点です。このわらしべと蜜柑の交換のきっかけは、わらしべにアブをつけたおもちゃが子供の興味を引いたことです。この興味を引くという行為は商売の基本です。どんな商売でも、お客様に知ってもらい興味を持ってもらうことができなければ、買ってもらうことができません。

認知から購入までの流れには考え方がある

商品やサービスをお客様に買ってもらうときには、人はこういった流れで購入に至るのではないか？　という考え方のモデルがあります。非常にたくさんあるので、今回はその中でも有名な、ＡＩＤＡ、ＡＩＤＭＡ、ＡＩＳＡＳ、ＳＩＰＳの4つを紹介します。必ずしもこの流れと言うわけではないのですが、今、お客様がどんな考え方をしているのか？　を考えるヒントになります。

一番基本的な考え方、AIDAとAIDMA

まずは購買モデルでも一番基本的な考え方であるＡＩＤＡモデルを紹介します。ＡＩＤＡとは、

Ａ：Attention（認知、注目）
Ｉ：Interest（興味、関心）
Ｄ：Desire（欲求）
Ａ：Action（購買行動）

の4つの頭文字をとったものです。商品を買ってもらうためには、第一条件として商品を知ってもらわなくてはいけません。どんなに良い物でも、知らない物を買うことはできません。そのため、第一条件は認知（Ａ）です。そして次に認知した商品・サービスに興味（Ｉ）がわくと、欲しいという欲求（Ｄ）につながり購買行動（Ａ）が発生します。こういったモデルを活用する理由はお客様がどの段階にいるのか？　を考え、その段階に

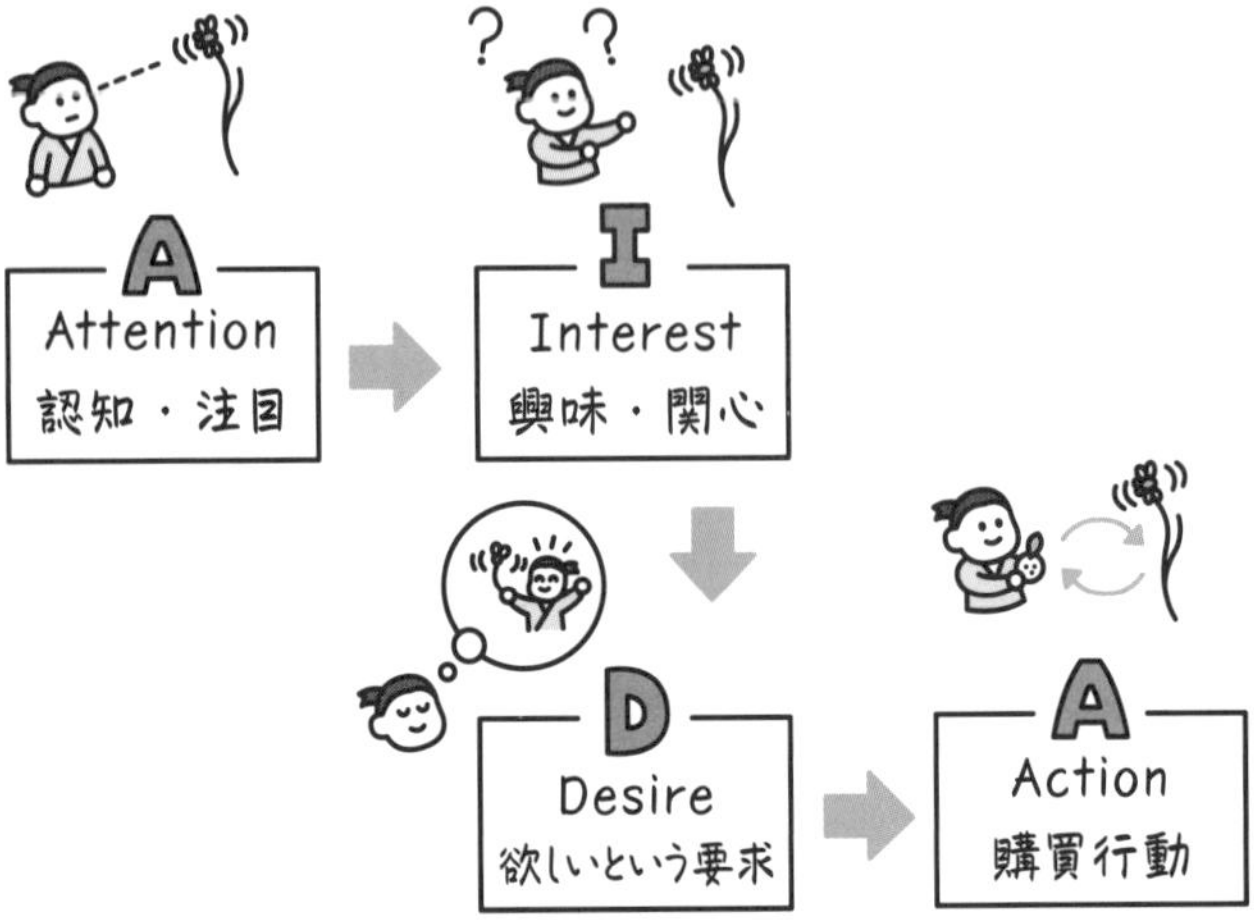

合わせたアプローチを行うためです。アブのついた藁はAIDAモデルそのものですね。

このAIDAモデルのDとAの間に、M：Memory（記憶）が追加されたものがAIDMAモデルです。AIDAモデルとAIDMAモデルの違いは、興味を引く場所と購買行動が起きる場所との時間や距離です。お店で認知（A）が発生するとIDAとその場で進みます。これに対して、コマーシャルや口コミ等、販売場所以外で認知が発生した場合、AIDを一時的に記憶（M）しておき、販売場所で購入します。

インターネット時代に合わせたＡＩＳＡＳ

インターネットが普及したことで、インターネットを活用したＡＩＳＡＳという購買モデルが考え出されました。ＡＩＳＡＳは、

Ａ：Attention（認知、注目）
Ｉ：Interest（興味、関心）
Ｓ：Search（検索）
Ａ：Action（購買行動）
Ｓ：Share（共有）

の5つの頭文字をとったものです。２つのＳに特徴があります。１つ目のＳはSearch（検索）です。インターネ

ットの普及によって、興味を持った商品・サービスが良い物かどうかをすぐに検索できるようになったためです。最後のSはShare（共有）のSです。インターネットを通じて情報発信が簡単になったため消費者を起点に情報共有が行われるようになりました。

ソーシャルメディアが購買の中心となるＳＩＰＳ

ＳＩＰＳはソーシャルメディア（ＳＮＳ）が購買行動の中心となる考え方です。ＳＩＰＳは

Ｓ：Sympathize（共感）
Ｉ：Identify（確認）
Ｐ：Participate（参加）
Ｓ：Share ＆ Spread（共有と拡散）

の4つの頭文字をとったものです。このモデルの特徴は共感から始まることです。ＳＮＳでの発信者やグループへの共感が行われると、自分にとっ

て必要なものかを確認します。必要であれば、参加の過程で購買につながり、そうでなくとも「いいね」などの反応をします。最後のSでは共有・拡散を行います。このモデルでは、すべての段階にSNSが関係しており、マスメディア的な広告宣伝とは展開方法がまったく異なることが特徴です。

他にもいろいろなモデルがある

今回は代表的な4つのモデルを紹介しました。購買モデルには、この他にも様々なモデルがあります。自社の商品・サービスとマッチするモデルが見つかると様々な場面で役に立ちます。自社の商品・サービスに合うモデルを探してみてください。

わらしべ（アブ付き）をもらった子供からひとこと

アブがブンブン飛び回っているの、すっごく面白そうだった。ついつい お母様におねだりしちゃった。ＳＮＳでシェアしたら、すごくバズったよ！

コラム2

会社の経営成績分析は粗利益が基準

損益計算書を見るとき、どこを確認していますか？　一番多いのは「売上がどうなっているか？」ではないでしょうか。次はきっと「最終利益が黒字か赤字か」を確認するかもしれません。今期の成績を見る上で、確かに売上や最終利益は重要です。しかし、経営改善を行う場合には「売上総利益（粗利益）」に着目してください。

粗利益は売上から原価を引いたものです。つまり、

粗利益　＝　売上　－　原価

となります。原価とは売るために物を仕入れたり、外部業者に外注として依頼した費用です。売上から原価を引いて求められる粗利益は利益の源泉

であり、会社の経営成績を示す様々な指標のもとになります。

例えば、あとどのぐらい売上が下がっていたら赤字になるのか？　を知るために「損益分岐点比率」という指標を使います。損益分岐点比率は

損益分岐点比率　＝　固定費　÷　粗利益

で計算されます。固定費はよくわからないようでしたら「販売費および一般管理費」を使ってください。例えば、損益分岐点比率が90％の場合、売上が10％低くなると、最終利益がちょうど0円になります。

他には、従業員がどのぐらい効率的に働けているかを知る指標に労働生産性があります。

労働生産性　＝　粗利益　÷　人件費

で計算されます。労働生産性は、各人がどのぐらいの粗利益を稼いでいるかを知る指標になります。労働生産性が2の場合、各人が給料の2倍ぐらい粗利益を稼いでいることになります。

これらの粗利益をベースにした指標はもちろん過去の自分の会社とも比

較できますが、業種・業態が違っても比べることができます。例えば、経営成績の指標としてよく使われる売上高経常利益率は業種によってまったく数字が違います。また、同じ業種でも業態の違いで大きく違います。例えば、製造業とひとくくりにしても、自社で製造する業種と主に外注を使う業種ではまったく数字が違います。

粗利益を基準とした指標は、新事業への進出や業態の変化などがあってもぶれません。つまり事業構造が変わっても自社の過去の数字と比較ができます。経営状況の把握には粗利益を意識してみてください。

第三章

商品・サービスを売るためには、
ただ売り込めばいいわけではありません。
売れる商品・サービスに変えるために
意識するポイントがあります。

第12話

長靴をはいた猫

未来からの逆算でチャレンジを繰り返して大成功！
ＰＤＣＡで結果を勝ち取る。

粉ひき職人の兄弟が遺産分けでもめています。それを見て一匹の猫は何かを考えているようです。

……………。

どうやら私は三男の物になったらしい。三男は文句を言っているようだ。そりゃあ、遺産が猫一匹だけなんて嘆きたくもなる。三男はご飯をくれて毛づくろいをしてくれる良いやつだし、お金持ちにしてあげよう。目指すは……お姫様との結婚！　私のプランにはちょっと危ない橋もあるけれど、

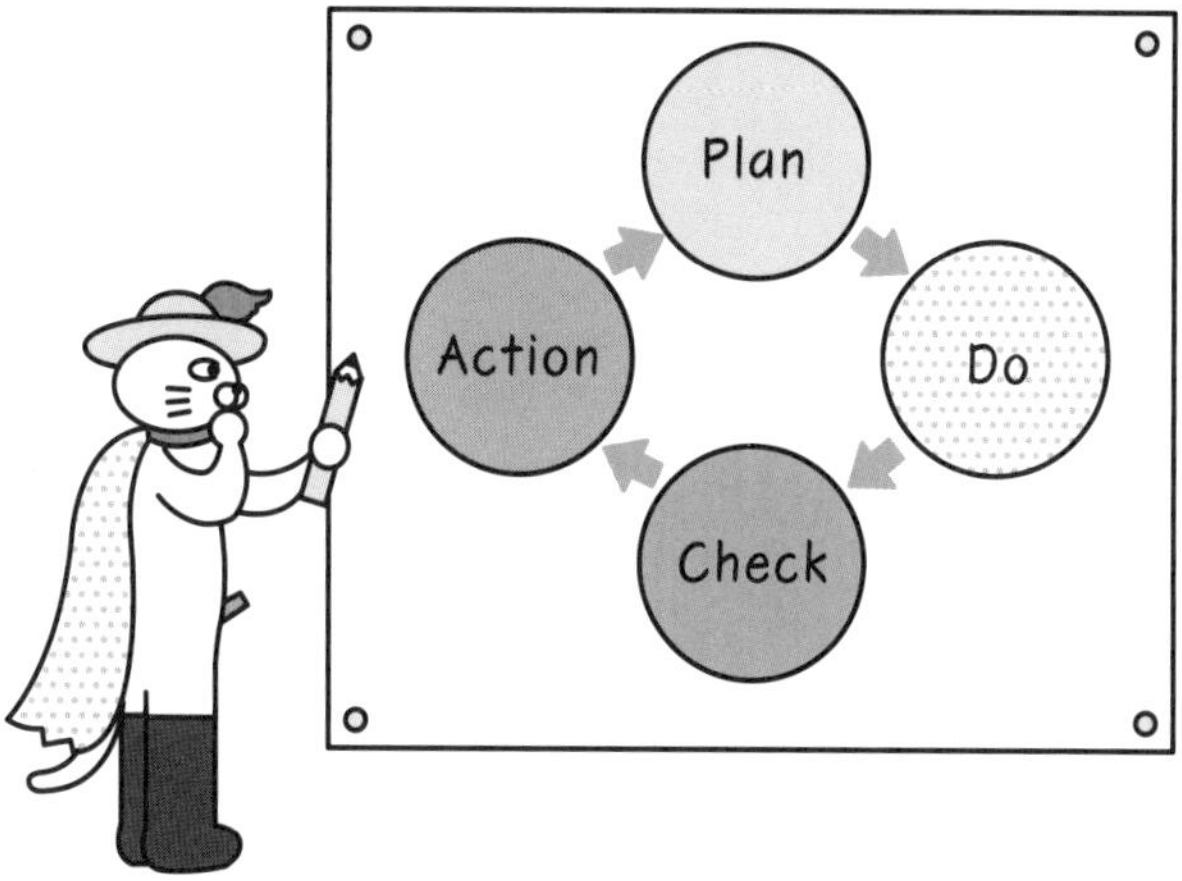

自分が快適に暮らすためにも頑張らねば！　さて、そうと決まれば王様との人脈を作らないといけない。三男から長靴と袋をもらって、うさぎを王様に献上しよう。何度も王様と会うことで、信頼と情報を手に入れることが第一だ。

……………。

事前の情報通り、王様とお姫様が馬車で通りかかるぞ。このタイミングで出会いを演出しよう。とりあえず三男の服は盗まれたことにして……。うまく王様たちに出会えたし、良い服ももらえた。うん、馬子にも衣裳だ。王様たちを招待する屋敷と土地は、嫌われ者のオーガから奪っておかないといけないぞ。おっと、口コミもとても大切だ！　もうすぐ王様たちが通りかかる。百姓たちに「カラバ侯爵の土地です」と伝えるように、言い聞かせておかないといけないな。

…………。

いや〜、危ない橋だったけど、オーガも間抜けだなぁ。猫の前でネズミに化けるなんて。そりゃ食われるよ。オーガの城をカラバ侯爵の城にして、王様と王女を招き入れるところまではうまくいったなぁ。あとは三男、頑張ってくれよ〜。シナリオは作ってあげるからさっ。

こうして猫は、粉ひき職人の三男をお姫様と結婚させることに成功しました。その後は、暖かい部屋で、おいしい魚をもらえる毎日を過ごしたそうです。

最初から目的は王女と三男の結婚

猫は粉ひき職人の三男をお姫様と結婚させてしまいました。普通はお金持ちになるために、お姫様と結婚しようなんて考えもしません。一般的な考え方では、「街に出て働き、将来は店を持つ」ことができれば、かなり良い未来でしょう。なぜこのような考え方になるかというと、私たちが未来を考えるとき、現在位置から確率の高い範囲内で考えるからです。

しかし、最初に将来の目的を「お姫様と三男を結婚させる」と決めた場合はどうでしょうか？　どんなに難しい目的でも、なんとかして現在位置と目的をつなぐ必要があります。現在位置と目的に大きなギャップがある場合、成功確率の低い「チャレンジ」が必要になります。このチャレンジを考えるときには、現在位置からだけ考えてもなかなか思いつきません。むしろ、目的から現在位置まで逆算して考えたほうが思いつくことがあります。

例えば、長靴をはいた猫の場合、考える起点がお姫様との結婚から始まります。結婚するにはそれにふさわしい高い地位（侯爵）が必要です。では、そのためには……と目的から考えていきます。その過程で、猫は三男を侯爵にするためにオーガを殺して城を奪ってしまいました。もし現在位置から考えた場合、オーガを殺して侯爵を名乗ろうなんて考えるでしょうか？

猫の使った便利な道具は現代型ＰＤＣＡ

猫は逆算で考えた計画を実行する時にＰＤＣＡという便利な道具を使いました。ＰＤＣＡとは問題を解決するための手法でPlan（計画）、Do（実行）、

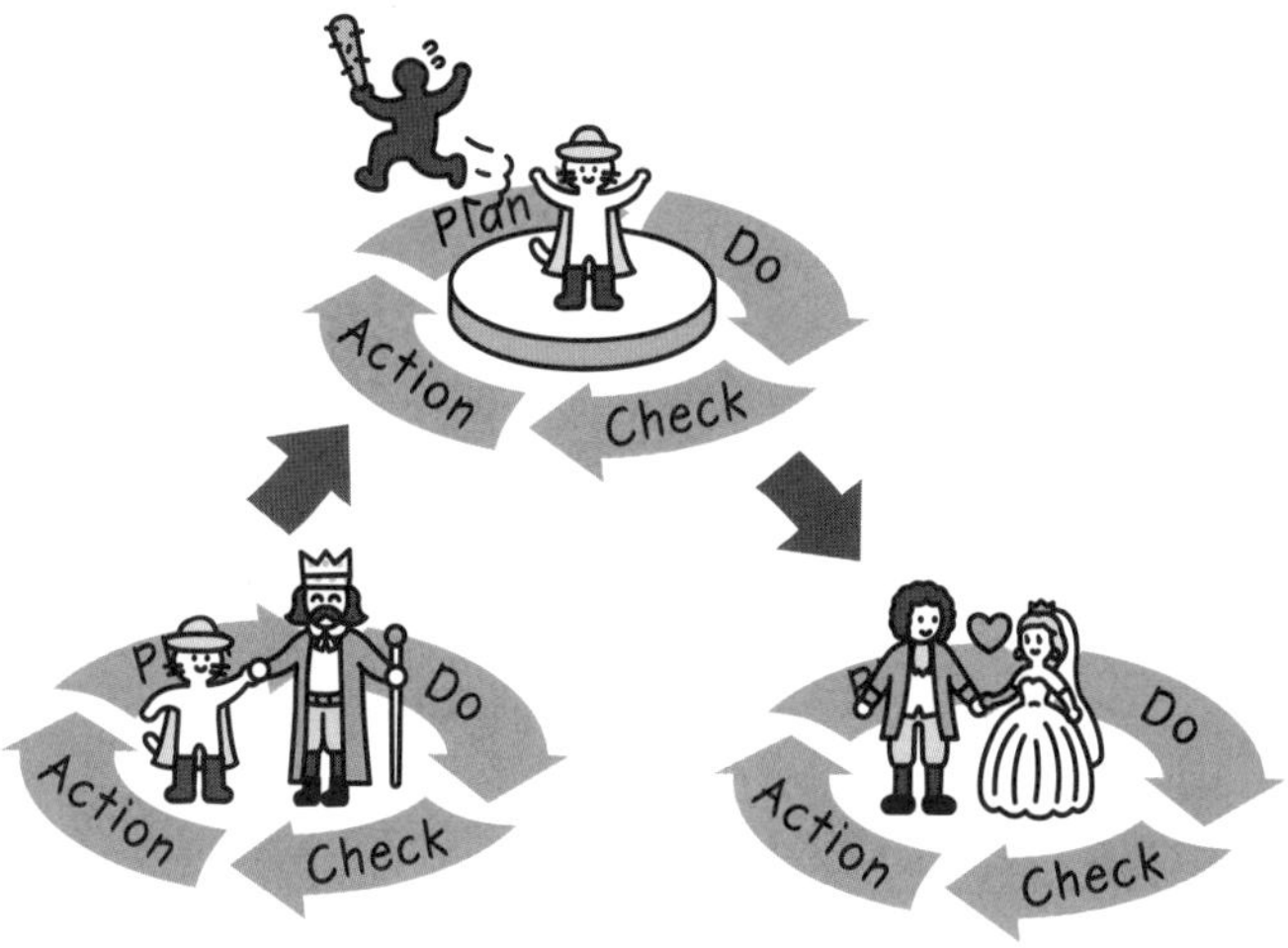

Check（検証）、Action（改善）の頭文字をとったものです。

原則的なPDCAのやり方では、時間をかけて計画を作ります。そのため、1サイクルが比較的長くなる傾向にあります。しかし、これでは変化の速い現代では活用の場がありません。そこで猫が使った現代的な仮説検証型のPDCAを紹介します。

猫の方法では、仮説をもとに短時間でP（計画）を立てます。すぐにD（実行）に移りC（検証）を行います。仮説をもとにした計画なので、計画と検証にズレがあるのは当たり前だと考えます。Ａ（改善）では、ズレをヒントに仮説もしくはＰ（計画）を調整します。そしてすぐに次の実行に……といった形で、１サイクルを短期間で回します。ＰＤＣＡサイクルを次々回すことで、目的は同じでも、仮説や計画が頻繁に変わります。時代の変化が速く先読みが困難な場合、計画を立てたときの前提条件がいつまでも続きません。例えば、飲食店が販促計画を立てていたら目の前に競合がお店を出すかもしれません。この場合、計画の前提がまったく違いますので、計画は作り直しです。時間をかけて素晴らしい計画を立てても、いざ実行するときには、その計画は使えなくなっているかもしれません。そのため、正しいと思われる方向性に進むための荒い計画を立て、実行しながら随時修正していくほうが、現代では効果的なのです。猫もお話の裏側では、様々な計画をトライ＆エラーで修正し続けていたのではないでしょうか？

PDCAサイクルは階層的にブレイクダウンする

せっかくの計画も実行できなければ意味がありません。皆さんは、大きな計画を立てたときに、実際に何から行うか困ったことはありませんか？そういう場合、もとの計画をより具体的な行動に分解していくはずです。PDCAも同じです。猫は三男をお姫様と結婚させる計画を立てました。計画の中には「王様たちと親しくなる」ことや「オーガから領地を奪う」等があります。これらはやるべきことが違うので、計画ごとに別の計画に分解します。例えば、P1（王様の好感度UP）、P2（オーガから領地を奪う）、P3（……）という計画を分け、一段階ブレイクダウンしたPDCAサイクルを作ります。このブレイクダウンは、実際の行動に落とせるところまで行っていきます。具体的な数字や行動に起こす「○○を××回実行するという」段階まで行います。例えば長靴をはいた猫なら「うさぎを捕まえて王様に10回献上する」になります。

定量的な指標を作っておく

その際に大事なのは、計画達成のための定量的な指標「10回献上」を決めておくことです。なぜなら利益を1000万円にするような数値目標の場合は結果が明確なので問題ありません。しかし、「お姫様に好かれる」のように基準が曖昧だと、実行できたのかできていないのかが曖昧です。そうならないためにも定量的な指標を定めておくことが重要です。この定量的な基準は、その数を達成したら計画が成功するはずという仮説の値を設定します。ここを厳密に行おうとすると、とても時間がかかります。行動の検証をもとに、何度も計画を調整すれば良いので、まずは仮説で決めることが重要です。

例えば「お姫様に好かれる」の仮の達成基準を「デートを10回する」とします。デートを10回したのに好かれていない場合には、「回数が足りない」かもしれないし「1回の内容が良くない」かもしれません。他にも多くの要因があるはずです。10回のデートから得たお姫様の情報も活用した新しい仮説を立てます。そして、計画の達成基準を作って、次の行動に移ります。計画を即実行するため、計画倒れにもなりません。

計画はどんどん変えれば良い

階層的になったＰＤＣＡサイクルは、理屈では下位のＰＤＣＡがすべて完了すると、自然に上位のＰＤＣＡサイクルが達成できます。しかし多くの場合、当初の計画のままでは達成できません。通常は下位のＰＤＣＡサイクルを実施している間にいろいろなことが起きます。上位のＰＤＣＡサイクルとの関係性が変わることがあります。また上位のＰＤＣＡサイクルの前提条件が変わることもあります。下位のＰＤＣＡサイクルはかなりの速度で回転します。下位のＰＤＣＡサイクルのＣ（検証）のタイミングと同時に、関係するＰＤＣＡサイクルの仮説と計画の修正もしてしまいましょう。

PDCAでお姫様と結婚！

このように実際には〝トンデモナイ〟と思うような目的も、計画を分解し、実際に実行するところまで細かくできたなら、達成できそうな気がしませんか？

実際に経営でPDCAを役立てるときにも、実行まで分解し、回数などの数字目標をたて検証（C）します。そうすると、期限が来た時には実施できたかどうかの検証が自然に行われます。難しい目的を達成するための一番便利な道具はPDCAです。困った場合には、長靴をはいた猫がどうやって達成したのか？　を考えながら行ってみてください。

猫からひとこと

未来から今をどうするか考えたから、粉ひきの三男でもお姫様と結婚できたんだ。みんなが知らない話の裏側では、何度も挑戦して計画を練り直していたんだよ。大変だったけどやった甲斐があったね！

第13話

ガチョウと黄金の卵

ガチョウとは末永い付き合いを。
会社を成長させる古くからの知恵とは。

肉！　肉はないか!?　もうずっと肉を食べていない。俺の須佐之男（大腿四頭筋）が泣いている!!

そうして歩き回る男の前に1羽のガチョウが歩いて来るではないですか。

これは天の恵み！　とガチョウを捕まえると、その拍子にガチョウのお尻から金色の何かが出てきました。よく見ると金でできた卵です。これはどういうことだ！　ガチョウから金が出てきたぞ！　大儲けじゃないか！

これで肉を買って食えば仁王（広背筋）も喜ぶぞ！

さて筋肉に栄養を与えた次の日。納屋に入れておいたガチョウを見に行くと、ガチョウの足元に金の卵が一つ落ちています。次の日も、また次の日も、毎日1個、金の卵が落ちています。こうして男は金の卵を売ったお金で素晴らしい筋肉を作り上げました。そんな男に毘沙門（大胸筋）がささやきます。我らこそ筋肉伝道師となるべきではないか？　男にとって魅力的な提案ですが、残念ながらそこまでのお金がありません。そのとき阿修羅（上腕二頭筋）がガチョウの腹の中にある金を使えばよ

いと悪魔の声をつぶやきます。

そうして、男はガチョウの腹を切り開きましたが金は出てきませんでした。良い栄養を失った男の筋肉たちは、トレーニングの甲斐もなく衰えていったそうです。

利益は長期的な視点で考える

男の筋肉は金の卵を産むガチョウに支えられていました。しかし、目先の欲望に目がくらんで行動した結果、筋肉を支えるガチョウを失ってしまいます。男はガチョウの腹から金塊を取り出す予定でした。しかし、たとえガチョウの腹を開いて金が出てきたとしてもガチョウは死んでしまいます。そうなってしまえば、今後は金を得ることができません。金が出ようと出なかろうと、どちらにしても一時的な利益です。

会社の利益も同じです。目の前の短期的な利益だけを追い求めてしまうと、長期的には損をすることは珍しくありません。にもかかわらず、ビジ

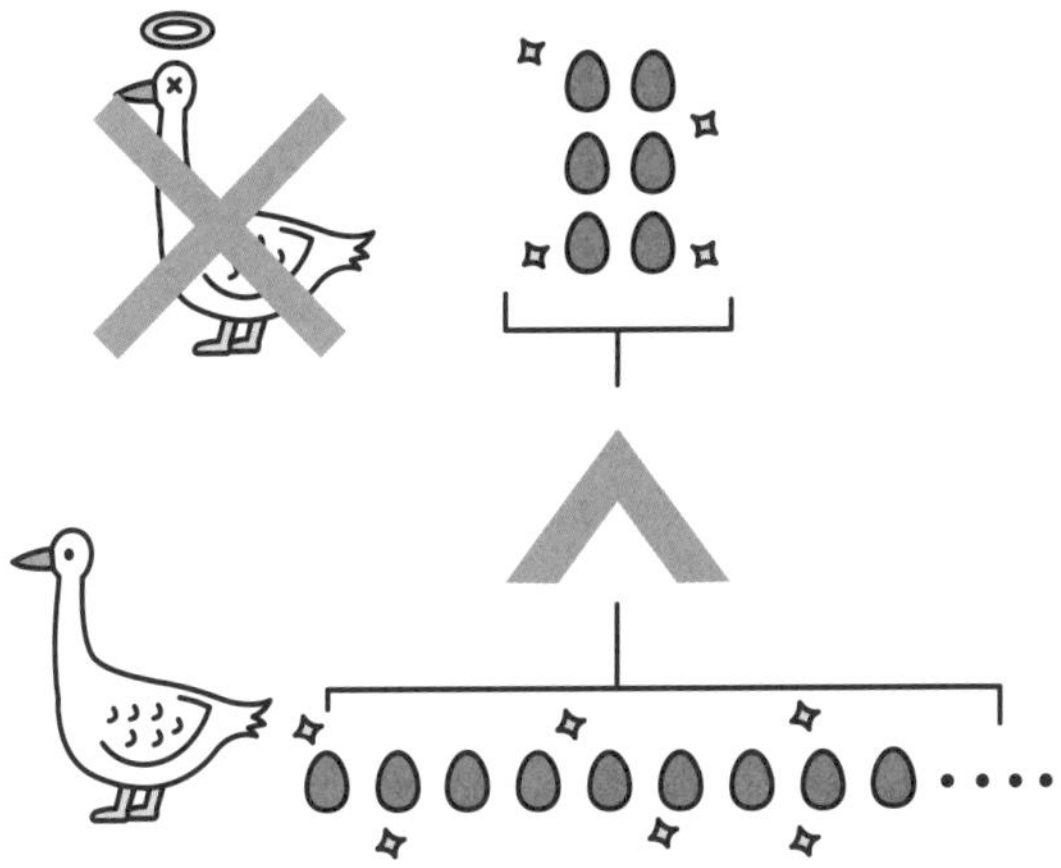

ネスではガチョウの腹を開いてしまう行為がよくあります。なぜなら多くの場合、会社の利益は金の卵を産むガチョウのように、わかりやすくないからです。そのため気づきにくいのです。

例えば、一時的な売上目標達成のための値下げがよく行われます。しかし、一度下げてしまうと、簡単にもとの価格に戻すことはできません。長期的には利益に大きな影響を与えます。他にも一時的な考えで、従業員の待遇を改善せずに社長の報酬を上げたり、未来への投資を怠ったりすることは珍しくありません。

お客様との関係性はより長期的な視点で

経営改善の結果が出るには時間がかかるため、長期的な視点が必要です。これは、お客様との関係性でも同じです。お客様との関係を長期的な視点で考えるにあたり、ＬＴＶ（ライフタイムバリュー）という考え方があります。これは、お客様から得られる価値を今この瞬間の利益だけではなく、未来に向かって総合的な価値で考えるための指標です。ＬＴＶをもとにマーケティングを考えると、「商品・サービスを売る」という視点から、「お客様に長期的なメリットを提供する」という視点に変わります。ガチョウというお客様から長期間利益をいただくためにはどうしたら良いでしょうか？

例えば、ガチョウ（お客様）に良い栄養（メリット）を提供します。そして長生きして（長く付き合って）もらいます。こうすることで、長期間にわたって金の卵（利益）を得ることができるため、積み重ねが大きな利益につながります。

LTVはなにも目新しい考え方ではありません。同じお客様と末永く付き合うという、昔からの考え方が具体化されたものです。誰だって、ガチョウの腹を開くより、末永く付き合ったほうが良いと知っていますよね。LTVが注目された背景は、新しいお客様を獲得するコストが高まったためです。新規顧客の獲得コストは、既存顧客に再び利用してもらうコストの6倍必要という考え方があります。では、新規顧客獲得のための広告宣伝を行う意味がないかといえば、そんなことはありません。この時にどのような考え方をするかがポイントです。なぜなら、お客様から得られる利益の考え方で、投資できる広告宣伝費が違うからです。例えば、1人のお客様が1万円の商品を買うと仮定するか、1万円の商品を10年にわたって買うと仮定するかでは、お客様一人あたりから得られる利益が違います。前者の考え方では広告宣伝費に1万円かけると赤字になります。しかし、後者の考え方の場合、1万円以上かける経営判断もできます。こうなると広告宣伝の効果がまったく違ってきます。

中小企業でＬＴＶを活用するには

ＬＴＶは計算方法も理屈もとても簡単です。しかし、実際に中小企業経営で活用するのは簡単ではありません。大企業であれば、たくさんのお客様が対象になるので、統計的な考え方を使うことができます。そのため、次の計算式で求められます。

ＬＴＶ＝平均顧客単価×購買頻度×継続購買期間

ざっくり言えば、ある商品・サービスを平均的に見て、「どのぐらいの価格で何回ぐらい買ってもらえるか？」を計算しています。平均顧客単価1万円、購買頻度月1回、継続購買期間10年の場合、ＬＴＶは１２０万円になります。中小・零細企業でも考え方の基本は同じです。しかし商売相手が少数だと、「平均」が正しい単価とは限りません。そのため実務では、個々のお客様が短期的なお客様なのか長期的なお客様なのかという判断を

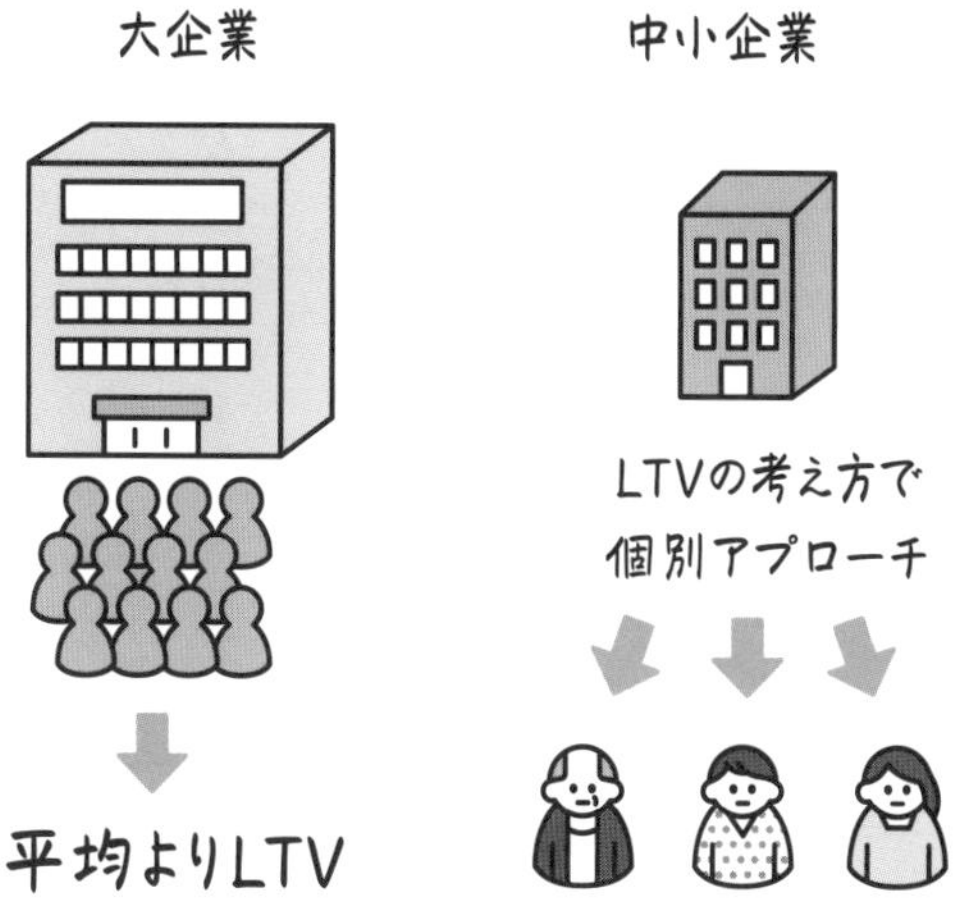

しなければいけません。しかし、この判断は困難です。卵を産む前のガチョウを見て、開いて良いのかいけないのか？　という判断を行うことと同じだからです。そのため、中小企業で活用する場合には、お客様ごとにＬＴＶの考え方を踏まえ、再来店を促進していくことになります。

天国のガチョウからひとこと

商売は長い視点で考えよう。急いでおなかを開いても金は出てこないんだ。これが教訓になれば、私がおなかを開かれたことも長い目で見て価値があったかもしれない。

第14話

地獄のあばれもの

本当の強みは地獄でもへっちゃら。
会社の利益を生み出す本質とは何か。

今日も閻魔裁判は激辛です。

閻魔　「医者なのに病気で死んだヤブだから地獄行き！」
医者　「治せない病気はたくさんあります！　控訴させてください！」
閻魔　「棄却、次！」
閻魔　「山伏。お前の祈禱は嘘くさいから地獄行き！」
山伏　「ちゃんと効果はありましたよ、上告を！」
閻魔　「その制度はなくした、次！」

閻魔「鍛冶屋、道具が壊れたのは手抜きだ。地獄行き！」
鍛冶屋「そんな無茶な、違法裁判では？」
閻魔「わしが法律だ！　次！」

　さすが地獄の閻魔裁判です。意見はまったく聞いてもらえません。こうして、医者と山伏と鍛冶屋は地獄に落とされてしまいました。こんな裁判認められるか！　と3人は思いますが、地獄行きは覆りません。
　最初は針山の刑です。しかし鍛冶屋が鉄下駄を作ったので針が刺さりません。それどころか、次々と山の針が折れていきます。現場では困り果てて閻魔様に判断を求めます。しかし「頭を使えアホ鬼が！　釜茹でにしろ！」の一言で終了。さすがブラック度合いは断トツの地獄勤務です。そうこうしているうちに、3人は釜茹で刑に送られました。しかし、釜の前で山伏が祈禱をすると、お湯はちょうど良い温度になってしまいました。3人は釜の湯につかり気持ちよさそうにしています。この報告にキレた閻魔様は3人を飲み込んでしまいます。ここでは医者の出番です。おなかの中でいろいろな場所を刺激して大暴れ。最後に下剤を塗られた閻魔様は、腹が痛くてたまりません。腹から出された3人は、地獄から現世に追い返されてしまいました。

他にない強みを持つこと

鍛冶屋、山伏、医者は、自分たちの持つ強みを効果的に活用することで地獄の刑を克服してしまいました。それぞれ生きているときに活かした技

術ではありません。しかし、本当の強みと言うのは、一つのことにしか使えないものではなく様々なことに応用できるものです。こういった能力は個人だけではなく、会社も持つことができます。このような経営の根幹にある独自の強みのことをコア・コンピタンスと言います。会社の成功には、どれだけ質の高いコア・コンピタンスを持つことができるかが重要です。質の高いコア・コンピタンスは商品・サービスの差別化につながります。また、継続的により良い商品・サービスを生み出すもとになります。

コア・コンピタンスの質を判断するには、5つのポイントがあります。

①模倣可能性
②移動可能性
③代替可能性
④希少性
⑤耐久性

それぞれについて見ていきましょう。

その能力は他社がまねできないか？

①の模倣可能性と言うのは、会社の強みを他社がまねするのに、どのぐらいコストがかかるか？　というものです。例えば、どれだけ利益を生み出す強みであっても、他社が簡単にまねできてしまう強みは、コア・コンピタンスにはなりません。すぐに他社も同じ商売をしてしまうからです。

もしその強みが、どれだけ頑張ってもまねできない物であれば、他社との競争で圧倒的に優位に立つことができます。例えばまねしやすい強みは、新しい機械のようなお金で解決できるものです。逆にまねしにくい強みは、会社の風土や文化のような作り上げるのに時間がかかるものです。鍛冶屋、山伏、医者の強みは長い期間を培って身に付けたもの。簡単にはまねできませんね。

その強みはいろいろな商品・サービスに使えるか？

②の移動可能性と言うのは、どのぐらいの商品・サービスに、強みを活用できるか？　と言うことです。どんなにすごい強みでも、ある一つのことでしか使えないと価値は低くなります。なぜなら、対象となる商品・サービスの価値がなくなってしまうと、使い道がありません。しかし、汎用性の高い強みだと、新しい商品・サービスに次々と使うことができます。例えば製造業の熟練工はものすごい技術ですが、特化しているので汎用性は低いです。これに対して会社の風土や文化は非常に汎用性が高い強みで

す。鍛冶屋、山伏、医者の強みはいろいろな地獄に対応しています。汎用性が非常に高いと言えます。

その強みは代わりが利くか？

③の代替可能性というのは、他の物で代わりが利くか？　と言うことです。もし自社の強みが代替品でまかなえるものだと強みの価値は低いです。しかし、まったく代わりが利かない強みだったらどうでしょう。お客様は自社の強みを使うしかありません。熟練工の技術は、移動可能性は低いですが、ほとんど代わりが利きません。しかし、技術やスキルが機械化されると一気にユニークさが失われます。技術革新で一遍することは珍しくありません。

その強みは珍しい強みか？

④の希少性は強みがどれだけ貴重なものかを表しています。ものすごく

効果は高い強みだけど、たくさんの人が持っている強みは、あまり価値がありません。誰でもいいからです。逆に自社しかないといった強みがあれば、よそにお願いすることはできません。単一の技術からなる強みは希少性が低くなりがちです。その技術を得た人はみんな対象となるからです。しかし、これが複数の技術が重なると非常に希少性が高くなります。例えば1つの技術の希少性が100人に1人だとします。1つだとそれほど希少性は高くありません。しかし、3つだと1/100×1/100×1/100なので、100万人に1人になります。一気に希少性が高まりますよね。鍛冶屋、山伏、医者は3人で力を合わせたことで、3つの技術が重なり、次々と地獄の刑を乗り切りました。

長続きする強みか？

⑤の耐久性は、強みが役に立つ期間です。1か月しか持たない強みより10年、20年持つ強みのほうがはるかに効果的です。長い期間、会社の収益

に貢献してくれるからです。耐久性が低いものはＩＴ系の最新技術など、技術の進歩で使えなくなりやすいものです。逆に耐久性の高いものはブランドなどの時間をかけて作り上げられたものです。高級ブランドはいつになっても強いですよね。

強みの質を上げていく

鍛冶屋と山伏と医者は3人の強みを合わせた仲間となったことで、非常に質の高いコア・コンピタンスを持つことに成功しました。会社でも自社の商品・サービスが受け入れられている以上、何らかのコア・コンピタンスがあるはずです。まずはそのコア・コンピタンスが何かを明らかにし、さらに継続的に磨き上げることができれば、他社に負けない強みを持つことができます。

閻魔様からひとこと

質の高い強みを持てば地獄からも抜け出せる。あんなやっかいな会社とは戦いたくないと思わせるほどの強みを持てれば、地獄のような市場環境でも一歩抜け出せるぞ！

第15話

かぐや姫

売らないからこそ価値が増す。名だたる男をもてあそんだかぐや姫の戦略とは?

世紀末に働きすぎた月の女王様は、ちょっと下界(地球)にバカンスに行くことにしました。どうせなら神秘的な演出をと、輝く竹から生まれます。しかし、ずっと赤ん坊ではバカンスが楽しめません。3か月で大人の姿になるとこの世の物とは思えない美しさになりました。性悪女王の遊びはここから始まります。

自分を竹から出したじい様に神主を呼ばせ「かぐや姫」と名付けさせると、たくさんの男を集め三日三晩、広告宣伝を兼ねた宴を開きます。かぐ

や姫を見た男たちはその美しさに心を奪われ、瞬く間にうわさを広めてくれました。
多くの求婚を断るごとにうわさが増し、ついには5人のボンボン皇子が結婚を迫ります。しかしかぐや姫は無能が大嫌い。皇子たちを手玉に取ります。妖艶な笑みを見せ、あなたの愛情を見せてほしいと皇子の耳元でささやきます。皇子たちは弄ばれてるとも知らず必死になります。しかし、1人は貴族社会での信頼を失い、2人は財産を失い、1人は大けがをし、1人は死んでしまいました。

ボンボン皇子で遊んだかぐや姫の次のターゲットは京の帝です。多くのルートで帝にうわさが届くよう画策します。うわさを聞きつけた帝は使いを出しますが会うことができません。やむなくかぐや姫のもとへ向かいます。頑なに会わないふりをしますが、そっとスキを見せ自分を覗き見させれば、帝を虜にするのも簡単です。権力と暴力で無理やり連れ帰ろうとする帝も月の科学にかないません。帝の横暴をさっとかわすと、秘密の文通をいたしましょうと帝の心をとらえます。

地球でのバカンスも終わりに近づくと、最後の仕上げに月を見て憂いた表情を見せつけます。おじいさんが、かぐや姫に理由を聞くと、月からのお迎えで帰らねばなりませんとひと言。おじいさんは帝に兵を頼みますが、月からきた空飛ぶ車に、なすすべがありません。去る寸前、かぐや姫はおじいさんと帝に恋文と不老不死の薬を渡します。どうか私を思い続けてほしいと。自分がいなくなってからも心を縛ろうとはなんと性悪か！

安売りをせず価値が高まるのをじっと待つ

かぐや姫はとても美しい女性でした。しかし、美しいというだけで、5人の皇子や帝を虜にすることはできません。もしかぐや姫が最初に皇子や帝にアプローチをしても、相手にしてもらうことは難しく、ましてや手玉に取ることはできません。かぐや姫が皇子や帝を虜にするためには、とてつもない興味や価値が必要です。そのためかぐや姫は、時間をかけて興味をあおり自分の価値を高める戦略をとりました。かぐや姫の戦略は売り込まないということです。

売り込む商品の価値は低く見られる

かぐや姫は最初の宴以降、決して自分を売り込もうとしていません。しかし、多くの人が宴でかぐや姫を見ているため、その美しさは本物です。男尊女卑の時代に、多くの求婚を断るとても美しい女性のうわさは、口伝

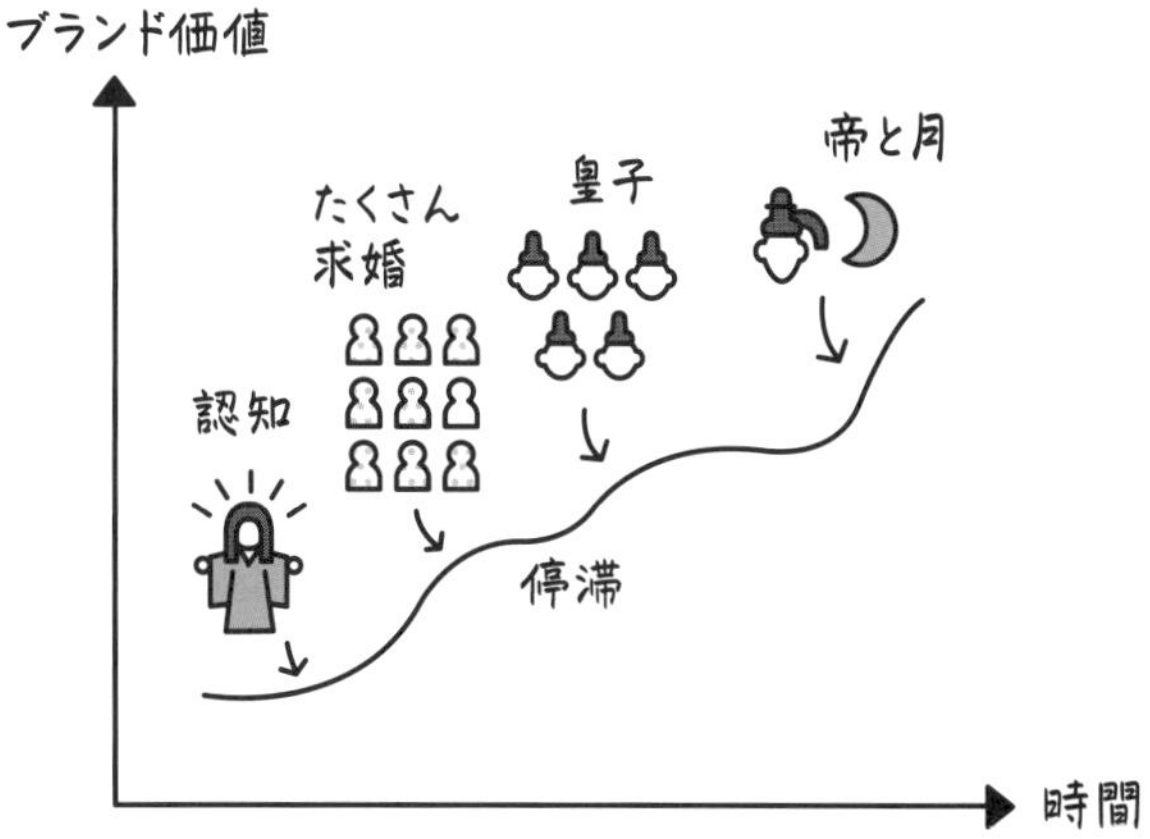

で広がり続けます。現代の口コミ営業と同じですね。その結果、5人の皇子が登場します。5人の皇子が登場したことで一気にかぐや姫の価値は高まります。それぞれの皇子にしてみれば他の4人がいることで、ますますかぐや姫に興味がわきます。しかしそれでもかぐや姫は自分を簡単に売りません。自分を手に入れるための一縷の望みを見せ皇子たちを競わせます。皇子たちですら手に入らないかぐや姫ですから、うわさが帝に届くのも時間の問題です。

もし計画を急ぐあまり、途中でかぐや姫が自分の美しさを売り込んでいたらどうでしょうか？　かぐや姫のほうから売り込んでしまうと、主導権は相手に渡ってしまいます。その結果、手に入れるための敷居が下がってしまい、価値があがりません。

価値のあるものは相応の価格でないと維持できない

価値のないものを高く買わせるのは詐欺です。しかし、本当に価値のある商品・サービスは高い値段で買ってもらわなければ、商品・サービスの価値が維持できません。基本的に価値の高い商品・サービスは、提供するためのコストが高くなります。例えば、良い材料を使ったり時間をかけたりします。しかし、お客様は売り手ほど商品・サービスに詳しくありません。そのため、最初は価格が基準になってしまいます。そこで、価値のあるものを高い値段で買ってもらうためのシステム作りが必要になります。

高い価格で販売するには、売り込まないこと

高い価格で商品・サービスを販売する原則的な方法に、「売り込まない」があります。売り込まれた商品・サービスというのは買い手から見るといつでも買えるものです。いつでも買えるものに多くのお金を払おうとする人はいません。また、売り込まれた商品・サービスは買うか買わないかという選択権が100％買い手にあります。

かぐや姫の場合、選択権はどちらにあるでしょうか？　かぐや姫（売り手）にありますよね。もしかぐや姫のように選

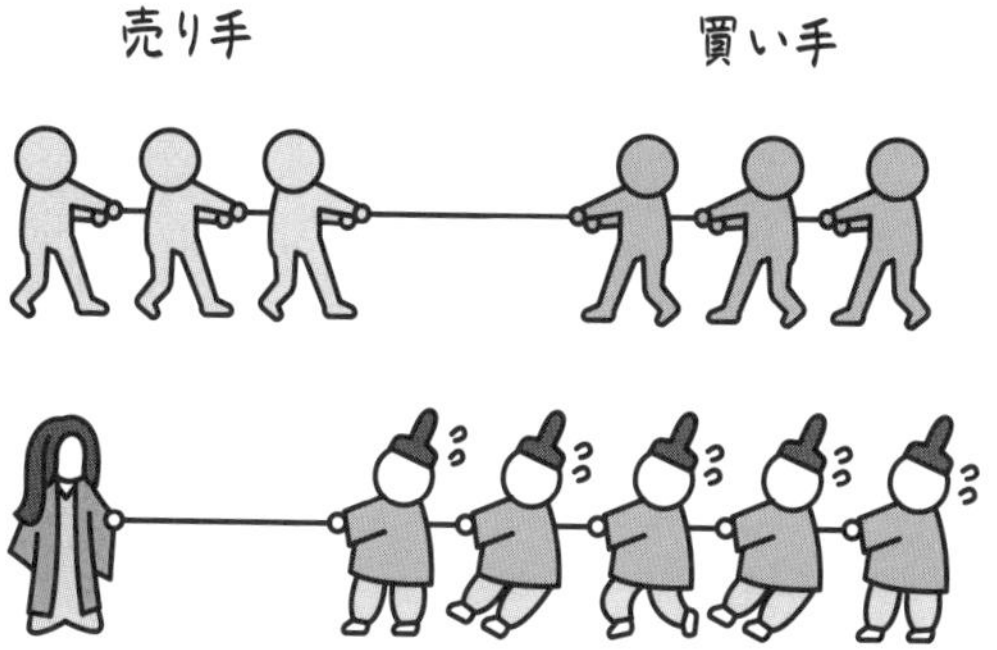

値付けのパワーバランス

択権が売り手にあったらどうでしょうか？　売るか売らないかは売り手が決めることができます。当然、価格は売り手の自由です。現実的には100％売り手に選択権があるということは困難です。しかし、選択権をすべて相手に与えないためにも、高付加価値商品は売り込んではいけないのです。

売り込まないで売るためには

商品・サービスを売り込まないで売るためには、商品・サービスに対して、お客様の欲しいという欲求を高めることです。当然、欲しいと思わないものを買おうとはしてくれません。その際にはAIDAやAISASのような様々な購買モデルが参考になります。認知の段階や興味喚起の段階をきちんと経ているでしょうか？　対象となるお客様にあった興味喚起はできているでしょうか？　お客様の欲求を渇望させたり、問題点を解決する未来を提示するなど様々な考え方があります。現実的には、このような点を一つずつ計画し検証していく必要があります。

かぐや姫からひとこと

売り込んではダメ。私を欲しくてしょうがなくするの。簡単に与えてはダメ。軽く見られるから。最後まで与えてはダメ。調子に乗るから。でもそのためには戦略と時間が必要よ。

第16話

まんじゅうこわい

ひとことのキーワードが人々の心をつかむ。
キャッチーなフレーズで、おなかいっぱい、まんじゅうを食べるには。

人間誰でも怖いものがある。茶屋でそんな話になったとき、俺はピンと来たね。これはチャンスだなと。次々に、毛虫が怖いだのムカデが怖いだの言いだす。怖い物自慢してどーすんのよ。いいことないじゃないか。俺は一番効果的なフレーズを考えながら、自分の番になるのを待っていたよ。そのうち、俺の番になった。まずは怖いものなんてねぇよ。と強がるふりをしたんだ。当然、みんな噛みついて来る。こりゃーいい。思った通りだ。冷静になられちゃバレちゃうからな。すかさず小声で伝えるんだ。

「まんじゅうが怖い」

馬鹿なこと言ってんじゃねーと大笑い。ここが演技の見せ所。團十郎も真っ青な名演さ。自分の情けなさを伝え、訴え、最後には具合が悪くなって眠ったふりをした。

しめしめ、やはりな。こいつら、俺を脅かすために周り中にまんじゅうを置いていったぞ。あと少しの我慢だ。

さて、みんなが抜け出したらおやつの時間だな。お、つぶあんだ。うまい。こっちは麩まんじゅう。いいねぇ。次から次へ食べていたら。だましやがったな！　だと。大きな声を出すんじゃないよ。びっくりして、のどに詰まるじゃないか。でも切り返しもばっちりさ。

「今は渋いお茶が怖い」

キーフレーズで心をつかむ

商品・サービスの販売は「知ってもらわないと始まらない」という話を何度もしました。知ってもらった後に売り手がやるべきことは、興味や共感を引き出すことです。その時、商品やサービスについてわかりやすく伝えることが重要です。一言で自分の商品やサービスをうまく伝えることができれば、すぐに覚えてもらえます。また、紹介してもらうこともできます。こういったときにキャッチコピーが活躍します。

素晴らしいキャッチコピーを作るのは難しいですが、作り方には基本的な考え方があります。その中でもすぐに使えるテクニックは次の3つです。

●伝える相手を明確にする

- 具体的に表現する
- 文字数を短くする

他にもいろいろなテクニックがありますが、この3つは重要だけど簡単に始められるものです。

伝える相手を明確にする

キャッチコピーを作るときに最も重要なことは、商品・サービスを売る相手を明確にすることです。なぜかというと、集客は基本的にたくさんの未来のお客様に向けて行います。個人の名前を特定して集客することは稀です。そのため、「たくさんの人に来てほしい」と言うキャッチコピーになります。しかし、不特定多数に向けたキャッチコピーは、受け取った相手からしてみると自分ごとになりません。人それぞれ興味も関心も違うからです。そのため、見ても聞いても、興味も関心もわきません。これではキャッチコピーとして役に立ちません。

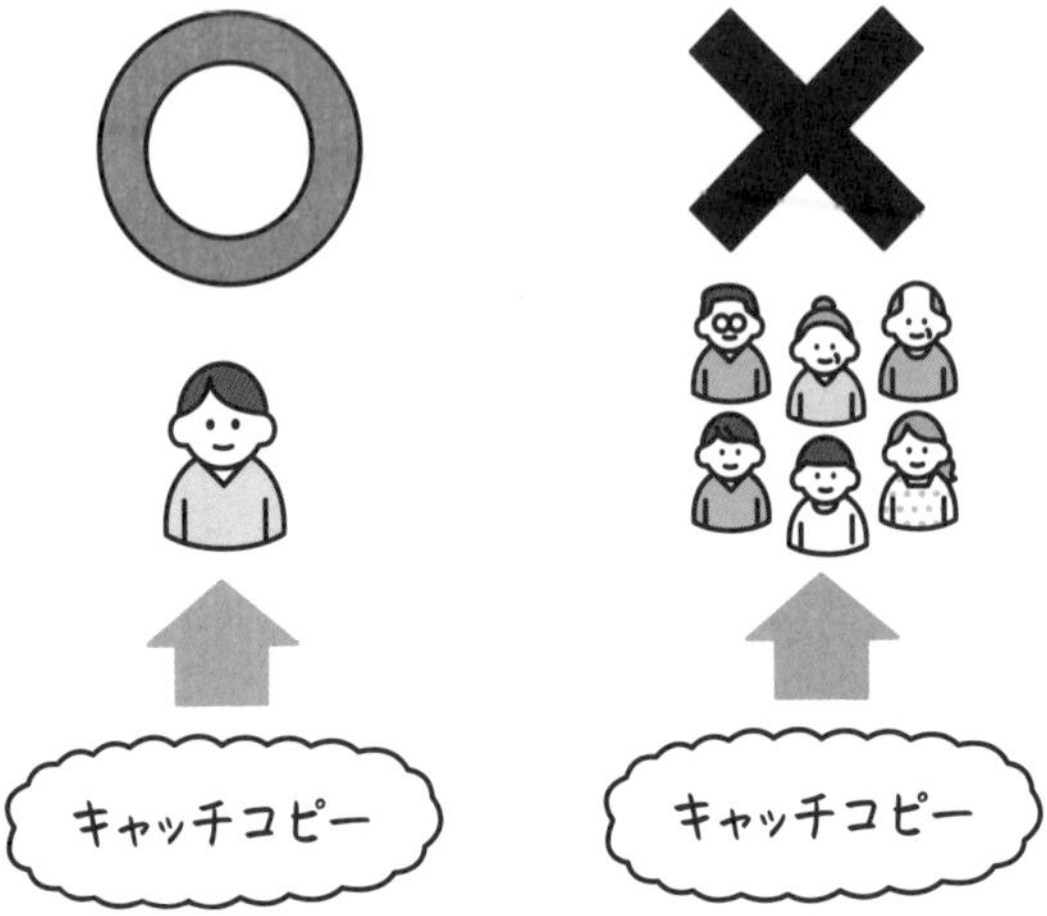

ターゲットを明確にする

伝える相手を絞ると、お客様が減ってしまうのではないかと心配になるかもしれません。でも大丈夫です。ターゲットをはっきり絞ったほうが、かえってお客様が増えます。名曲を聴いた時、あなたに向けて歌っているわけではないのに「私のことだ」と感じたことがありますよね。さて、何人が同じことを考えたでしょうか？

　まずは自分の商品・サービスに対して興味・関心がわくお客様が誰なのかを明確にしなくてはいけません。明確にすることで、そのお客様が興味・関心がわくメッセージを工夫することができます。「まんじゅうが怖い」は、自分の周りにいるいたずら好きなおじさんがターゲットになっています。非常に具体的です。そんな彼らにとって、簡単にいたずらできる情報はとても興味や関心を引きますよね。

具体的に表現しよう

伝えたいメッセージはなるべく具体的にしてください。曖昧な表現はうまく伝わりません。例えば、「かっこいい体になる!」では、受け手はメッセージからイメージがわきません。しかし、「3か月でボディビルダーの体」であれば、かなりムキムキな体がイメージできますよね。他には数字を活用する方法があります。例えば、「3か月で20kg痩せる」だと、具体的にイメージすることができます。また、対象に合わせて具体性を使い分けることも重要です。「ボディビルダー」と聞いて頭に描くイメージは「マッチョな体」です。これに対して「20kg」と聞いて描くイメージは体重計の数字です。イメージさせているものが違うのです。どちらをイメー

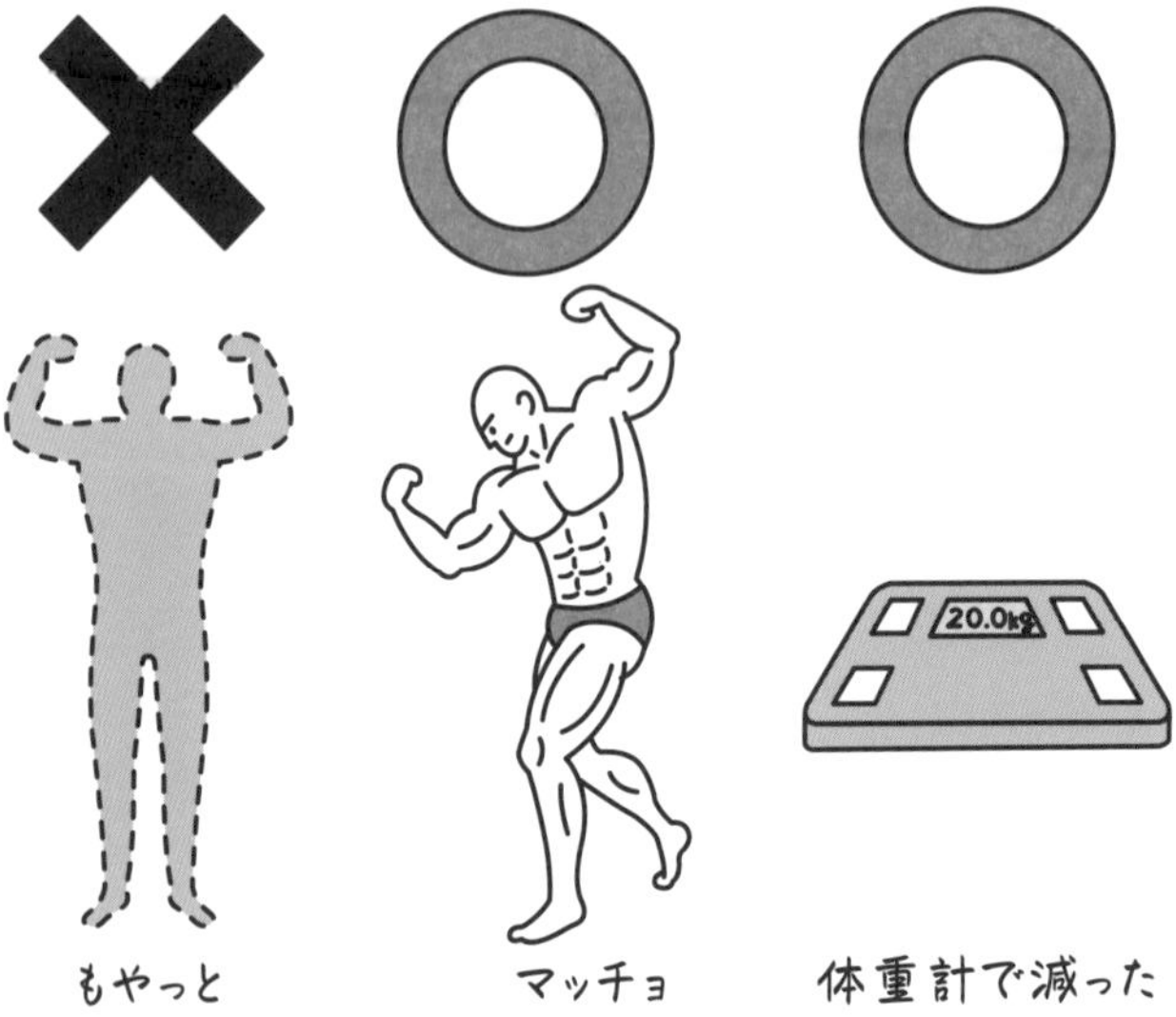

具体的にイメージできるメッセージ

ジさせたほうが効果的かは対象者によって違います。対象者が具体的だと対象者に合わせた考え方ができます。「まんじゅうが怖い」は一般的ではありませんが、かなり具体的ですよね。まんじゅうを怖がっている姿が見たくなります。

文字数は短くしよう

キャッチコピーの文字数は短くしてください。ただし、短ければ短いほうが良いわけではありません。例えば、キャッチコピーが30文字もあると覚えるのが大変です。お客様は覚えるために頑張ることはありません。そのため長いメッセージはなかなか伝わりません。文字数の上限は一概には言えません。ゴロや韻、ストーリーなどの有無で覚えやすさが変わるためです。短くする目的は覚えやすくすることです。覚えやすい文字数に収めることを意識することが大事です。「まんじゅうが怖い」は8文字です。簡単に覚えることができます。

誰でもできる重要なコツ

良いキャッチコピーを自分で作りたいとき、テクニック以上に、大事なコツがあります。それは、たくさん作ることです。頭の中で作るのではなく、たくさん紙に書き出します。頭の中で考えてもなかなかアイデアは出てきません。たくさん書き出すことでいろいろなアイデアを目で見て確認することができます。また、自分以外の人からヒントを聞くこともできます。書き出すときは付箋を使って1アイデア1枚で書き出すことをお勧めします。似た内容でまとめる、比較するなど、様々な工夫ができます。

まんじゅう男からひとこと

周りの父つぁんたちに響く言葉を考えたのよ。わかりやすい言葉が重要さ。あんたもうまいセリフでうまいまんじゅう食べてくれよ。どう言ったら渋いお茶までもらえたかなぁ。渋いお茶までもらえれば完ぺきだったんだが。

第17話

聞き耳頭巾

情報の優劣は結果に大きな影響を与える。おじいさんに学ぶ正しい情報の使い方とは。

日刊村民新聞 号外　長者の娘さん、病気から急快復！

半年前から原因不明の病で寝込んでいた長者の娘さん（14歳）。心配した長者さんが、町から何人もの有名なお医者様を呼びましたが、一向に良くなりませんでした。しかし、ある日を境に急に快方に向かったとのことです。解決に大きく貢献したのは、佐吉さん（82歳）です。佐吉さんは、村内では失せ物探し名人として有名で、時々町からも依頼が来るほど。そんな佐吉さん、今回は失せ物ではなく病の原因を発見してしまいました。

一説では「病の原因は、半年前に建てた長者さんの新しい蔵が楠の根を押しつぶしていた祟りだった」と言われていますが、真偽のほどは定かではありません。そこで弊社記者が佐吉さんに単独インタビューを行ったところ、「松の木にとまっている二羽のカラスが教えてくれたんじゃよ。念のため楠にも話を聞いたんじゃが、『痛くてしょうがないので波長の合う娘さんに訴えていたら、娘さんの調子が悪くなってしまった。悪いことをした』と言っておったよ」と、いつもの優しい謎かけではぐらかされてしまいました。佐吉さ

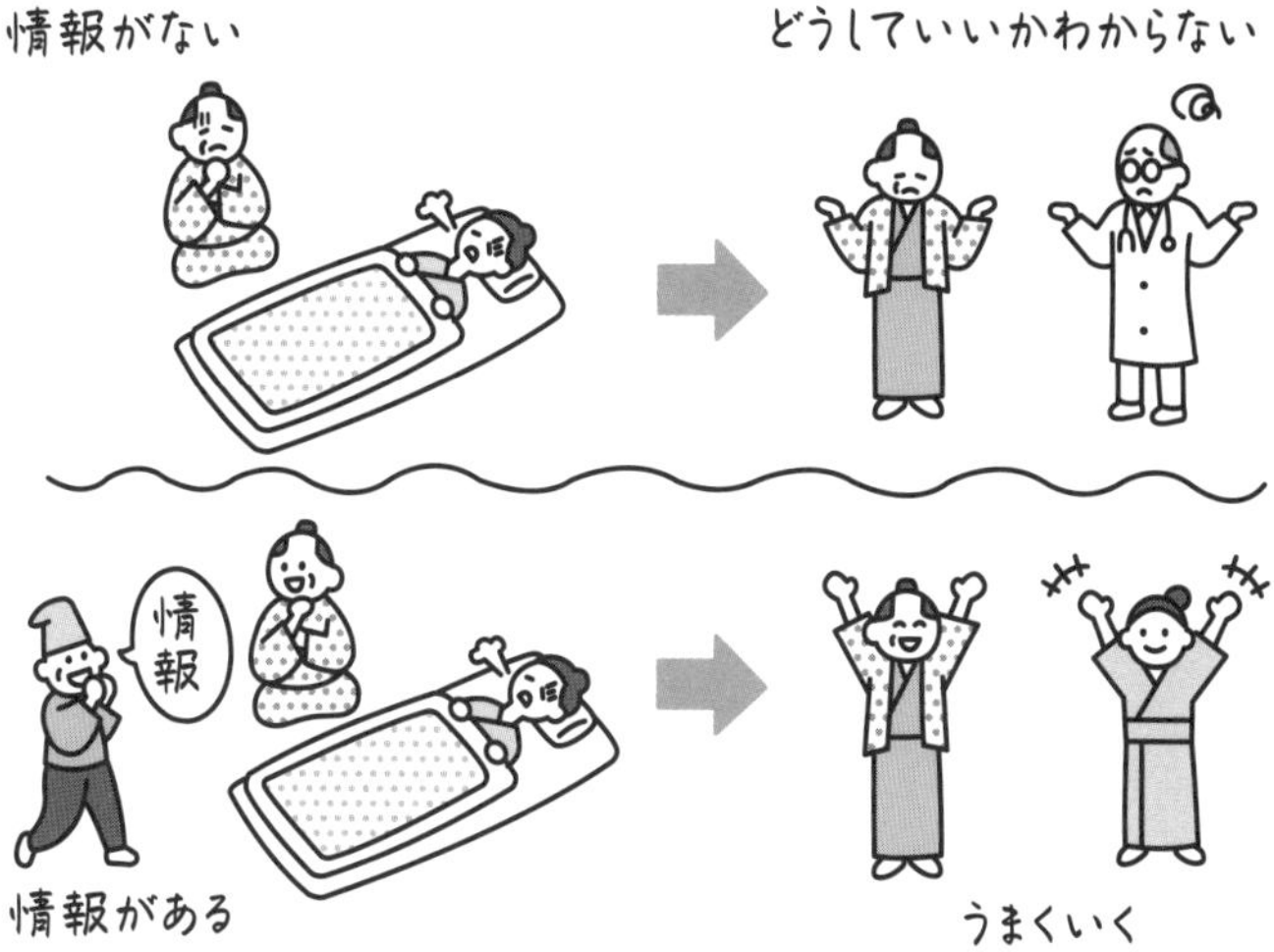

んがどのようにして問題を解決しているのかは秘密のようです。

ますます重要になる情報

お医者さんでも治せなかった娘さんの病気を治したのは、村の佐吉じいさんです。治せた理由はいろいろな生き物の声を聴くことができる不思議な頭巾を使うことで情報を持っていたからです。どんなに腕のいいお医者さんでも、原因がわからなければ病気を治すことができません。これは経営でも同じです。経営状況を改善するには情報は欠かせません。

今の会社の実態がきちんとわかる情報を使わなければ、正しい打ち手を決めることができません。このとき最初に活用する情報は、会社の数字です。数字は会社の生命線であるお金を見える形に変えたものです。また数字はごまかしが利きません。数字の良い箇所、悪い箇所は会社の状況を明らかにします。さらに、時系列や他社の情報を活用して誰でも簡単に比較することができます。そのため非常に重要な情報になります。

情報取得は情報源までさかのぼる

情報を活用する場合には、可能な限り情報の出どころまでさかのぼることが重要です。情報には段階があり、一般的に一次情報〜三次情報に分けられます。一次情報は自分が体験して得た情報や独自に取得した情報です。二次情報は一次情報をもとに作成された情報です。一次情報の作成者から聞いた情報をもとに作成されたものも含まれます。そして三次情報は情報源が不明な情報になります。

インターネットが普及したことで、非常に多くの情報であふれました。そのため、人の目を引かなければ、なかなか情報を伝えることができません。ニュース番組等でも、キャッチーな表現を使うあまり、誤解させるような表現も含まれています。例えば、老後資金が2000万円不足するという問題が一時期騒がれました。この問題、情報をさかのぼっていくと厚生労働省の作成した資料があります。該当となる資料は豊かな生活を送るためにiDecoの活用を促進させ「2000万円作ろう」という資料です。決して、お金が

不足しているという内容ではありません。この例で言えば、「2000万円問題」は出どころが不明な情報なので三次情報です。厚生労働省の情報までさかのぼることで情報の正確性が高まります。佐吉じいさんはどうでしょうか？　カラスから聞いた二次情報を鵜呑みにせず、楠に確認して一次情報を得ています。常に一次情報までさかのぼることは難しいですが、可能な限り情報源までさかのぼることで、間違いを減らすことができます。

情報を「集める」から「伝える」へ

情報はその量や質がどんどん増えています。例えば、インターネット黎明期は文字や数字だけがやり取りされていました。しかし技術の発展や通信速度の向上により画像や映像が加わりました。通信の高速化が進むと、より多くの情報であふれます。これまで集めて活用することが中心であった情報は、伝えて活用する時代になってきました。いかにお客様のニーズに合った情報をお伝えしていけるのかということが、ますます重要な課題になっていきます。

佐吉じいさんからひとこと

情報は出どころまで調べないと間違いのもとになる。わしゃあ不安だったから、直接、楠にも聞いてみたよ。そうしたら原因がすぐわかったよ。娘さん、元気になってよかったなあ。

コラム3

貸借対照表ってどんなふうに読むの？

「財務諸表の簡単な読み方」のような本がたくさん出ているところを見ると、財務諸表を読める人はまだまだ少数派なのでしょう。私の実体験からも同業者の経験からも、損益計算書を読める経営者はそれなりにいますが、貸借対照表を読める経営者はあまりいません。確かに損益計算書のように上から順に見るものではないので、わかりにくいかもしれません。

さて、そんな貸借対照表ですが、実はコツさえつかめば簡単に読むことができます。貸借対照表は次のページのような形になっています。

どんな本にも、左側（借方）に資産（流動資産、固定資産、その他の資産）があり、右側（貸方）に負債（流動負債、固定負債）と純資産があり

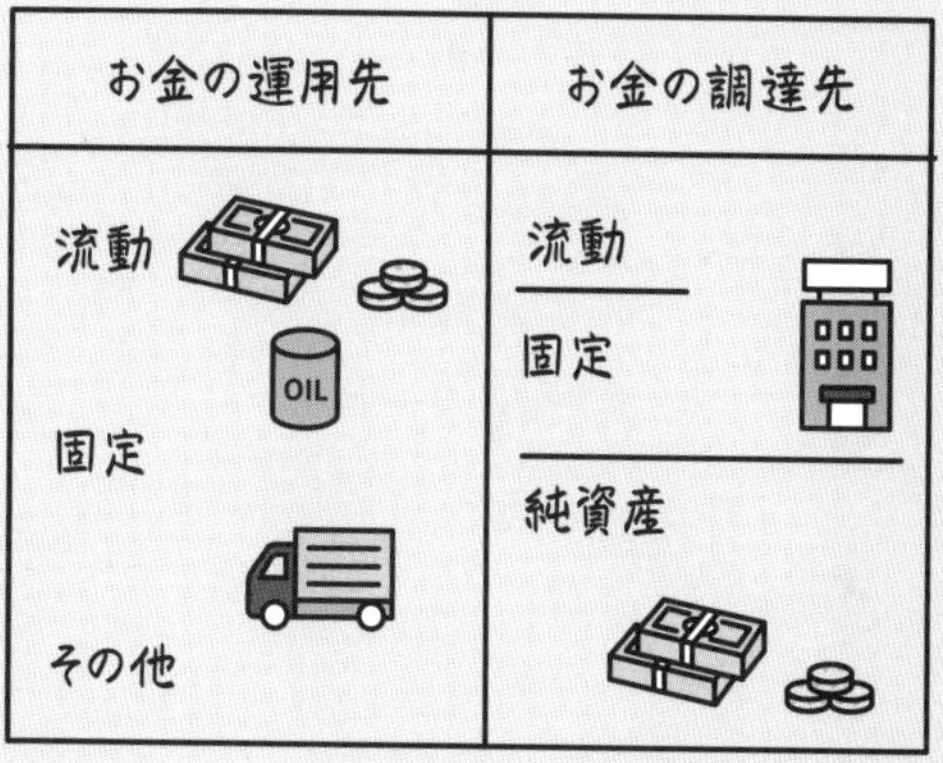

ますと書かれますがとてもわかりにくいですよね。

貸借対照表でまず理解いただきたいのは、右側（貸方）がどこからお金が入って来たのかを表しており、左側（借方）は何にお金を使ったのか？ を表しているということです。つまり、貸借対照表は調達（貸方）と運用（借方）というお金の流れを表しているのです。簡単でしょう？ 例えば、調達元であれば、銀行からつなぎのお金を借りたのなら流動負債、長期の設備資金を借りたのなら固定負債になります。資産、負債の流動○○と固定○○の違いは、「流動○○は1年以内にお金が動くもの」で「固定〇〇はお金が動くのに1年超かかるもの」です。資産では、なかなかお金に変わらない工場や車が固定資産、すぐにお金に変わる売掛金は流動資産です。ちなみに純資産は、株主の出資金やこれまで会社が積み上げた利益です。誰にも返す必要のない安定した資金です。このようにお金の流れに着目すると貸借対照表は簡単です。お金の調達や運用は社長の決定事項です。そのため、貸借対照表は社長の意思決定の積み重ねが反映されています。内容によっては、この社長、お金にルーズなのかなとか、意識が低いのかなと読み取れます。皆さんは、きちんとした社長だなと思われる貸借対照表を作ってくださいね。

第四章

会社に係わる
多くの人たちの未来のために
長く続く会社を作りましょう。
続く会社がやるべきこととは。

第18話

小人の靴屋

おじいさんモデルの靴から小人モデルの靴へ。新しいビジネスへの変革が再起のポイント。

「あぁ、わしらも明日から収入は年金だけか。仕事もなくなりわびしいのう」おじいさんの靴屋も昔は人気でしたが、しばらくお客が来ていません。流行に乗れず客足が遠のき、店舗には売れ残りばかりです。残った材料は1足分。これ以上の商売は年金を注ぎ込むしかなく、続けることができません。最後の1足は明日作ると心に決めて、寝ることにしました。

翌朝起きてみると、材料はなく、靴底がオレンジ色のヒール靴が1足おかれています。こんな斬新な靴、誰が作ったのでしょうか。その時、ちょ

うど店の前を化粧品会社のCEOが通ります。なんてビビッドな靴！　CEOはポンと大金を払い、靴を買っていきました。おじいさんはこのお金を使って2足分の材料を買いました。材料を机の上に置いておくと、次の朝には2足の通気性の良い厚底靴がありました。そこに地元の有名ランナーが通りかかります。不思議なデザインにビビッときたランナーが試しばきすると、いつもよりスピードが出ます。こんなすごい靴は他にないと、ランナーは2足とも靴を買っていきました。こうして、毎日斬新な靴を発表し続けた靴屋

は、瞬く間に有名になりました。

しかし、おじいさんもおばあさんも誰がこんなすごい靴を作っているのかわかりません。夜中まで起きて見てみると2人の半裸の小人が靴を作っています。しかし、彼らの服も靴もボロボロです。次の日、小人たちに合わせた服と靴を用意しました。そうして夜になると、小人たちは嬉しそうにその服と靴を着て、歌いながら家を出ていきました。小人たちは2度と戻ってくることはありませんでした。しかし、小人たちが作った靴をもとに同じ靴を作り続けた靴屋は、その後も繁盛し続けました。

どんな製品にも寿命はある

昔は人気だったおじいさんの靴も、世間の流行や技術革新に乗り遅れ、徐々に売れなくなりました。しかし、小人たちが今までにない靴を作ると経営は回復。再び人気店になりました。

おじいさんの靴屋のように、人気店や人気商品が、時間とともに売れ行

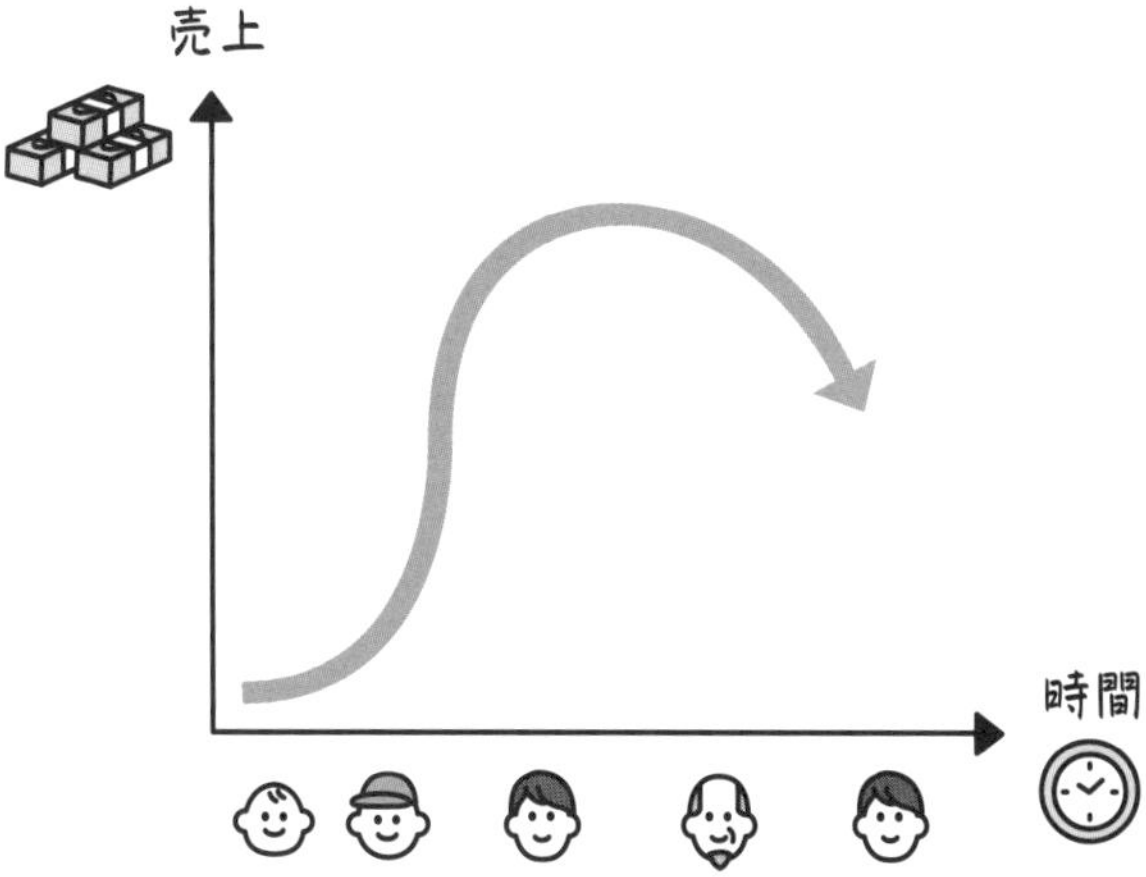

きが悪くなることはよくあります。

その理由は、商品やサービスにも寿命があるからです。商品・サービスの寿命とは、商品・サービスが市場に投入されてから消えるまでの期間です。おじいさんの作る靴は昔は素晴らしかったのですが、時間とともに陳腐化し市場で寿命を迎えたのです。あらゆる商品・サービスは、寿命の長さは違うものの、同じような流れをたどると考えられています。

商品・サービスがたどる寿命曲線がある

まったく売れずに終わる商品・サービスを除くと、商品・サービスの寿命はS字のカーブを描くと考えられています。おじいさんの靴も同じです。S字のカーブは商品・サービスの状況をわかりやすくするために、4つの段階に分けて考えます。導入期、成長期、成熟期、衰退期の4つです。

導入期は生まれたばかりの市場

導入期とは、商品が市場に導入されたばかりの時期です。商品の特徴や特性を一定数のお客様に知ってもらうまでの期間です。商品やサービスは、市場に投入された直後はお客様に知られていません。この段階で対象となるお客様は、イノベーターと呼ばれます。新しいものに非常に敏感な人たちや、業界マニアの人たちです。まったく売れずに終わる商品というのは、ここから先に進めずに終わった商品です。おじいさんも靴屋を始めたときは、その存在を知ってもらうためにビラを配るなどの宣伝をしたのではないでしょうか。

成長期は市場が急激に拡大する時期

導入期の後期または成長期の初期に敏感に反応する人たちを、アーリーアダプターと呼びます。新しいものをさっと取り入れる人がいますよね。例えば、オピニオンリーダーや、インフルエンサーです。その影響が一般的な客層（アーリーマジョリティ）に伝わると市場が急拡大します。そのため、アーリーマジョリティを動かすには、いかにアーリーアダプターに影響を与えるかが重要になります。自社の商品・サービスの拡大には、市場への影響力が大きい人を動かす必要があります。影響力の大きい人の口コミには、強力な宣伝効果があるからです。靴屋を始めた当時は、おばあさんが新しい靴をはいて街を出歩いて宣伝をしていたかもしれませんね。

儲けのピークになる成熟期

成熟期には市場の成長がとまり、緩やかな停滞に入ります。この時期に対象となるお客様はレイトマジョリティと呼びます。市場で十分な人気が出た商品や安全性が確立された物を好む人たちです。アーリーマジョリティとレイトマジョリティを合わせると、すべてのお客様の70％弱と言われています。この時期は商品・サービスが十分に知れ渡っているため、広告宣伝は最小限で十分です。そのため販売にかかるコストが低く、最も儲かる時期になります。

市場が縮小していく衰退期

新商品や代替品等の登場で市場の縮小が始まると衰退期になります。商品・サービスの価値も大きく下がりだします。この段階のお客様は、ラガードと呼びます。この層は非常に保守的で定番商品を好みます。衰退期の基本的な考え方は市場からの撤退ですが、他の企業が撤退し、自社が市場を独占すると、ラガードが安定顧客となる可能性を秘めています。おじいさんの靴屋は衰退期です。撤退を考える時期に入っていました。

変わり続ける商品が売れ続ける商品

おじいさんの靴のように、すべての商品はいずれ衰退期を迎えます。しかし、衰退期を迎えた商品がすべて寿命を迎えるわけではありません。

通常、商品・サービスは導入期から成長期にかけて多額の広告宣伝費が必要になります。しかし、成熟期を経た商品・サービスはとても知名度が高い状態です。知名度を効果的に活用することで、費用を抑えることができます。そのため停滞期に入った商品は、次ページの図のように次のライフサイクルへの移行を目指します。

もちろん移行することは簡単ではありません。市場調査、分析や結論から考える等、様々な方法を考え、商品・サービスを変化させる必要があり

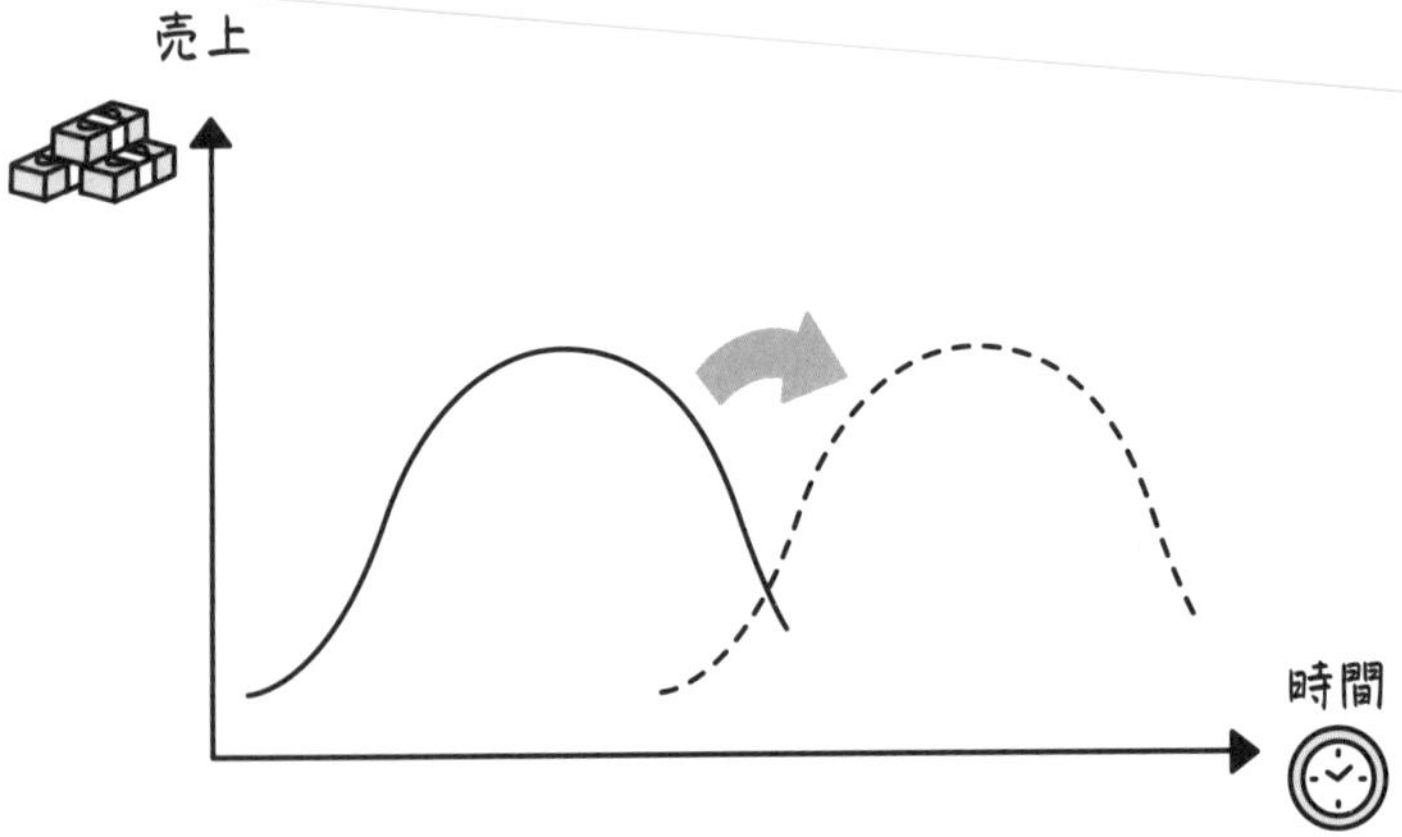

ます。ぜひとも新しいライフサイクルへ移行できるようチャレンジしてください。

幸いにもおじいさんの靴屋は小人が新進気鋭のデザイナーに就任しました。その結果、小人モデルへの移行で、新しいS字に移行しました。

小人からひとこと

変わらないままではいずれおじいさんモデルのように市場ではウケなくなるんだ。ニーズを調べて、作る靴をニーズに合わせたから、僕たちの靴は売れたんだよ。

第19話

いなばの白うさぎ

海を渡る画期的なアイデアと禿げ上がった体。イノベーションが生む圧倒的な成果とリスクを体現。

向こうの島にはきれいなおねえさんうさぎがいっぱいいるって聞いたぞ。渡る方法ないかなー。船……も、橋もないぞ。橋？　そうだ！　いいこと思いついたぞ！

そうして海辺にいるサメを見かけ話しかけました。

「サメさん、僕たちとどっちが多いか競争しよう。数えてあげるから、向こう岸まで一列になってよ」

こうして一列になったサメの上を、子うさぎは飛び始めました。子うさ

ぎの頭の中は向こう岸のおねえさんでいっぱい。飛び越えている途中、数をサメに聞かれますが、「秘密。最後のお楽しみ」と言って教えません。それもそのはず、おねえさんのことだけしか考えておらず、ちっとも数えていないからです。

ゴールに近づいたとき、サメに数を聞かれると、「なんの話？　もうすぐおねえさんに会える！　えへー」と本音が漏れてしまいました。これにサメが激怒。子うさぎはお尻が真っ赤になるまで毛をむしられました。

うさぎのとった革新的な方法

愚かなうさぎとして語られることが多い因幡の白うさぎ。海を渡る独特な発想にはあまり注目されません。しかし本来、うさぎには海を渡る方法がありません。そんな中、自分たちと競争しようとサメを挑発することで、向こう岸まで一時的に道を作るというアイデアを思いつきます。今までにない革新的な方法です。

このような、今までにない革新的な手法をイノベーションと呼びます。しかしイノベーションを起こしたから万事解決というわけではありません。うさぎはイノベーションの壁にぶつかり、お尻が真っ赤になるまで毛をむしられてしまいました。

イノベーションとは

イノベーションとは革新的なビジネス手法を表す言葉として使われます。

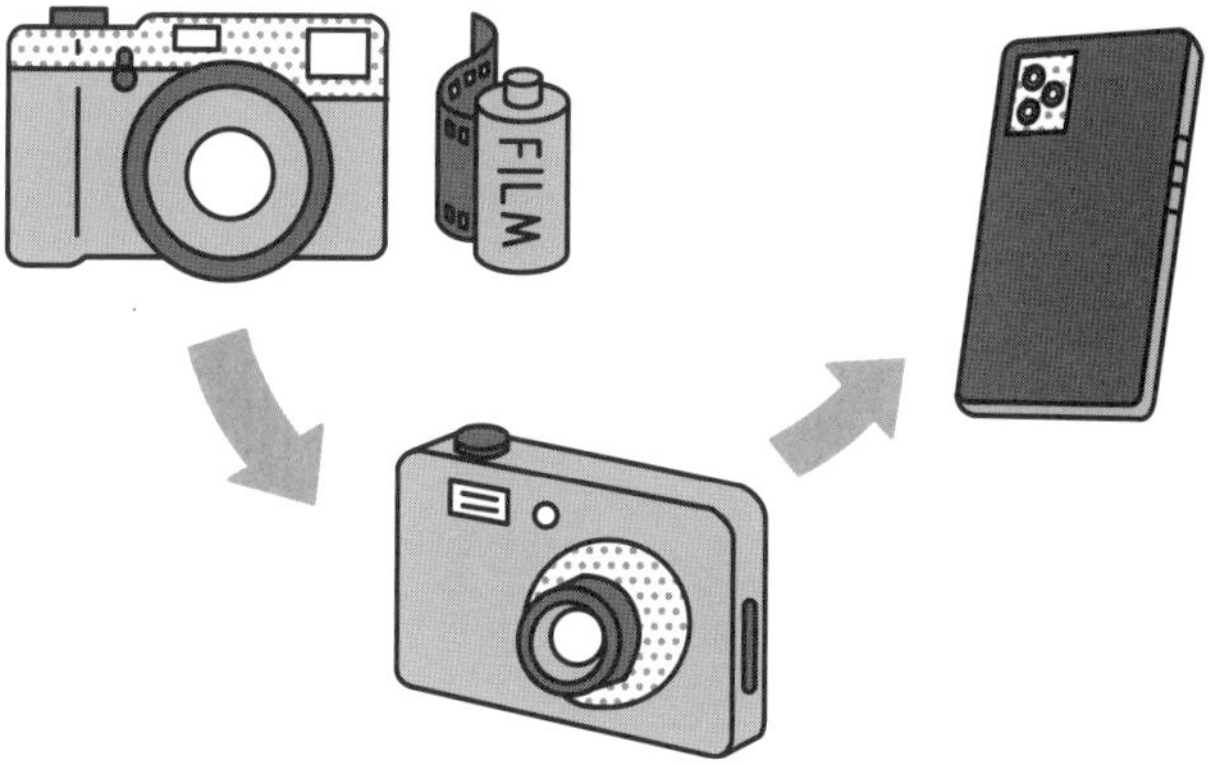

イノベーションには大きく2つの枠組みがあります。革新的な商品やサービスなどが、既存の市場を破壊するほどの大きな影響を及ぼすものは「破壊的イノベーション」と呼ばれます。これとは対照的に、お客様の要求にこたえる形で改善・改良を積み重ねるものを「持続的イノベーション」と呼びます。一般的に、イノベーションと言われると前者がイメージされますが、それだけではありません。

破壊的イノベーションの事例には「カメラ」があります。例えば昔はフイルムだったカメラは、技術革新によってデジタルに変化しました。その結果、フイルム市場は激減しました。しかしその後、iPhoneの登場によりスマートフォンのカメラ機能が充実すると、デジタルカメラ市場も激減します。つまり、カメラ市場は短期間の間に破壊的イノベーションが2回も起きたことになります。

イノベーションの難しさ

カメラの例のように、破壊的イノベーションが成功すると市場に大きな影響を与えます。市場で圧倒的な差別化ができる場合もあります。しかし破壊的イノベーションには、画期的な商品やサービスが必要です。つまり誰も実現できていないアイデアを商品にする必要があります。さらに、アイデアを商品化しても必ず成功するわけではありません。イノベーションの先には越えなければいけない壁があるのです。

子うさぎは革新的なアイデアを思いつき、海を渡りました。しかし、子うさぎのイノベーションには問題があり、その先にある壁を超えることができませんでした。では、イノベーションの先にある壁とはどのようなものでしょうか？

イノベーションの先にある壁

子うさぎはイノベーションを起こしますが、サメの橋を最後まで渡りきることができず、失敗しました。子うさぎの場合、慢心や気のゆるみが原因ですが、実際のイノベーションにも同じように大きな壁があります。

イノベーションの大きな壁は、魔の川、死の谷、ダーウィンの海と呼ばれます。

魔の川は「研究結果が開発段階に移ることができるか？」です。画期的な研究であっても、プロトタイプ作り等の開発フェーズに移れずに終わってしまうことは珍しくありません。子うさぎは、アイデアを実現にこぎつけることで、この部分をクリアしました。

次に死の谷は「開発した商品やサービスが商売までたどり着けるか？」

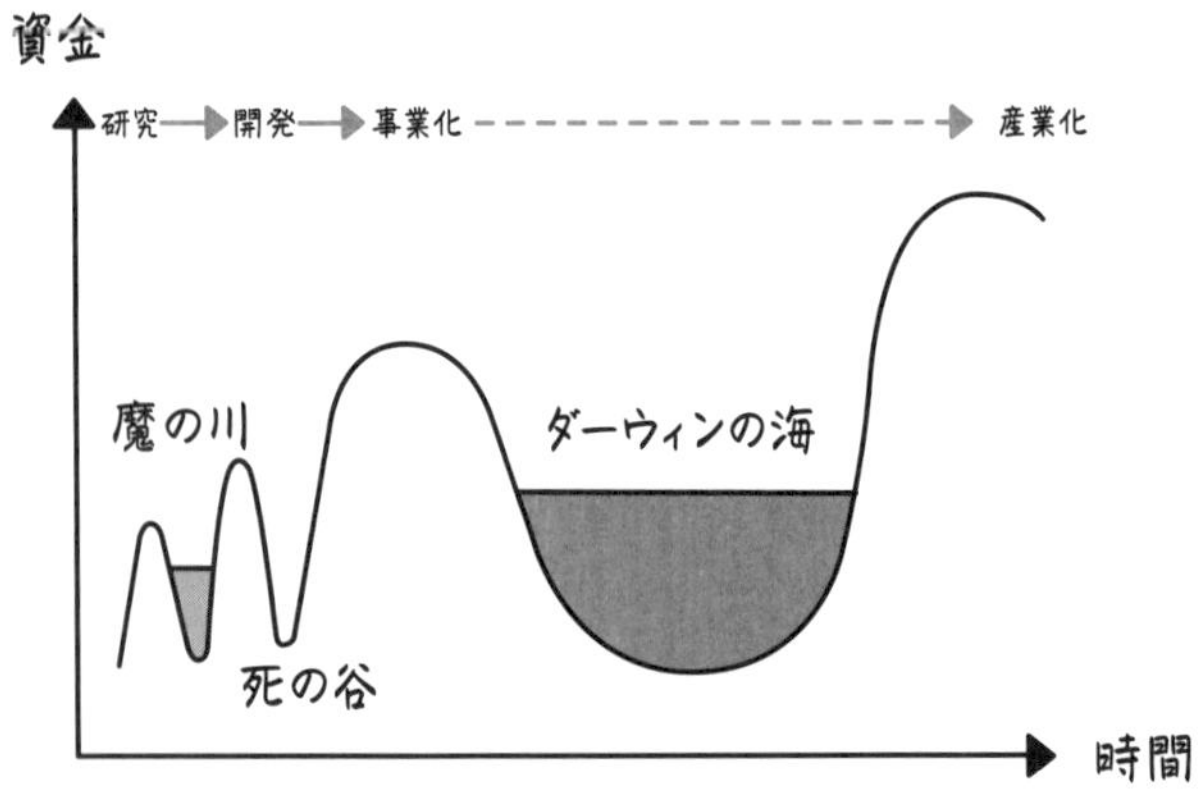

です。プロトタイプを作ってみたが、商品として売り出すための生産ラインを作るかは、難しい判断です。生産ラインの製造コストを回収する利益が見込めなくてはいけません。子うさぎのアイデアは非常に独創的ですが、商品やサービス提供のように「継続性があるか?」という疑問が残ります。サメが挑発に乗ってくれるのは今回限り。2度目はありません。

ダーウィンの海は、「市場で商品・サービスが生き残り成長できるか?」です。多くの競争がある市場で、継続して商売を行っていくには、戦って勝ち続けられる商品・サービスでなくてはいけません。子うさぎのアイデアは非常に革新的で面白いものですが、海の向こうにすごい魅力があっても、サメの口の上を飛び続けたいうさぎはなかなかいないですよね。

このように、イノベーションは起こすことも難しいですが、利益につなげるところまで成長させることも簡単ではありません。しかし、破壊的イノベーションを起こすことができれば、市場で圧倒的優位に立つことができます。イノベーションを常に探求することが、これからの会社には必要です。

うさぎからひとこと

画期的なアイデアは、アイデアを生んでからが難しいことを、身をもって実感したぞ。とんでもない発想はそのままではダメだぞ。最後まで気を抜かず、注意深く取り組んで育てていくことが大事だったな〜。

第20話

五助どんの商売

事業承継は最後の難事業。
事業承継を乗り切る秘訣は、先代と次世代の二人三脚！

ある町の小間物屋の主人が古希を迎えました。数年前から、この店をそろそろ跡取りに譲りたいと思っていました。しかし、なかなか決め手がありません。そこで商人は、跡取りを決めるため、番頭たちを競わせることにしました。番頭たちに商品を振り分け、誰が一番物を売れるのか試そうと考えたのです。

五助が売ることになったのは「タワシ」と「綱」です。そこで五助は、前々からやってみたかった方法を試すことにしました。

五助はタワシと綱の他に、汚れた風呂釜を店の前に持ってくると、大きな声を出し始めました。
「街ゆく皆さん、今日は素晴らしい商品をご紹介しますよ！　家族円満を運ぶタワシと綱です。そこのお父さん。このタワシ、そんじょそこらのとは違いますよ。ここの角度や毛の硬さ、すごいでしょ！　お父さん、このタワシでお風呂の脂汚れをこすると、少ない力であっという間にピカピカですよ！　ほら見てください。あっという間です！　大変なお風呂掃除も楽々ですね！

お母さん、この綱も、とっても便利。綱を竹竿につなげば、誰でもつるべが作れますよ！　そうすると、お風呂にあっという間に水がたまります。この通りです！　お母さん、どうですか？　水汲みは楽々、家事の時間も短くなって、ゆっくりする時間ができますよ。お話する時間も増えて、これで仲良し家族になれますよ！　さぁ、いかがですか？」

なんと五助は、タワシと綱を使って、今までにない実演販売をやってみせたのです。この販売方法が大当たり。商品をあっという間に売り切りました。この成果に主人は五助を認め、跡取りとすることにしました。五助はお店を引き継ぐと、その後も新しいアイデアに挑戦。主人の経営手法も積極的に学び、お店を繁盛させました。

事業承継は経営者の最後で最大の仕事

多くの中小企業にとって事業承継は避けては通れない大きな問題です。人は永遠に生きられないという問題だけではありません。事業承継の時期

は、先代のビジネスが寿命を迎えつつあり、変革が必要な時期であることが多いためです。しかし長い間、同じ方法で経営をしてきた経営者では、なかなか経営スタイルを変えることができません。また、時間のかかる新しいチャレンジをするのは、少し難しい年齢です。そのため、新しいビジネスモデルにチャレンジする意欲と時間がある次期社長に事業承継する必要があります。

事業承継とは、先代が培ってきたビジネスが終わりを迎えるころ、会社に内在する問題ごと、次代の経営者に交代する難事業です。しっかり時間をかけて取り組まなくてはいけません。しかし、次期社長への不安などもあり、なかなか事業承継に踏み切れません。五助の主人もその一人でした。そこで五助の主人は事業承継のきっかけを作るため、有能な番頭たちに競争させます。その中で今までにないビジネスモデルを披露した五助にバトンを渡すことになりました。

事業承継で重要なことはお互いを尊敬すること

事業承継で重要なのは、次世代は先代を尊敬し先代のビジネスをきちんと理解すること。先代は次世代のビジネスを尊重し、否定するのを我慢して手助けをすることです。

次期社長から見ると古いと感じる現在のビジネスモデルには、お客様、古参の従業員、会社の技術や資産など、会社にかかわる様々な要素が詰まっています。新しいビジネスを興すには、この様々な要素を踏まえなければうまくいきません。例えば、次期社長が急激な改革を行っても、古参社

員はなかなか行動してくれません。
　先代も次世代の活動を尊重してください。新しいチャレンジには失敗が伴います。先代が作り上げた資産があれば、多少の失敗では会社はつぶれません。会社にとって致命的な問題が起きそうな部分はやんわり修正するものの、あくまで経営者の先輩としてサポートしてください。
　五助が店頭で行った商売は、この時代には画期的な方法です。しかし、新しい営業方法として確立するためには様々な問題が生じます。五助が、先代の築いた資産を効果的に活用できるように、先代は経験を活かしてサポートします。五助には、その中で小さな失敗をたくさん経験し学んでもらうことも事業承継の一つです。そんな関係作りが事業承継には必要です。

複雑な事業承継には道具を活用しよう

事業承継は難事業です。少しでも効率的に実施するために道具を活用することをお勧めします。

まず全体像を把握する必要があります。そのためにお勧めなのは日本政策金融公庫の、事業承継支援に役立つ情報です。様々な道具がインターネットでダウンロードして印刷できます。複雑すぎず、わかりやすくまとめることができます。他にも参考になる事例など役に立つ情報が掲載されています。

次に、共通言語で話せる環境を作ってください。考え方や視点が違うと、同じ言葉を違う意味で使うことがあります。それは、お互いの背景が違うので言葉が違うためです。しかし、経営には年代を超えた共通の言葉があ

ります。それが、会計数字です。良い数字、悪い数字は決まっています。経営の会話に数字を活用してください。齟齬を格段に減らすことができます。同時に、従業員とも会計数字で話すことができる土台を作っておきましょう。共通言語で話ができるので、従業員の経営方針への理解が高まります。

３つ目に、社長は自分の経営（戦略・経営方針・考え方等）を次世代や従業員に伝えなくてはいけません。しかし、口頭で伝えるのは困難です。そのため、先代は自身の経営計画書作りをお勧めします。自分の経営スタイルを文字にすることで、先代の描く経営を、次世代や従業員にわかりやすく伝えることができます。さらに、経営計画書の作成には次世代がサポートとして参加することをお勧めします。一緒に活動することで、先代の経営を一番深く知る社員になれます。その中で尊敬が芽生え、考え方も伝わります。

最後に次世代のビジネスモデルを紙に描き、先代がサポートをしながら一緒に議論してください。次世代経営者の経験不足を、先代経営者の経験で補うことができます。紙に描いて議論する方法には、ビジネスモデル俯瞰図やビジネスモデルキャンバスなどがあります。

主人からひとこと

いつまでも元気で現役でいられると思うのは間違いだ。「俺も年だから、早く次に変わらなきゃ」と思っているだけなのもダメだ。きちんと行動に移さなきゃ！　次の社長を見つけて、じっくりと取り組むことこそが本当の事業承継さ。しかし五助にあそこまで商才があるとはなぁ！

第21話

ブレーメンの音楽隊

ピンチをチャンスに変える起業家精神。ロバに学ぶ未来に進む考え方とは。

働き始めて25年。昔のように動かなくなった体に鞭を打ち、畑仕事に精を出していました。しかし、そんな苦楽を共にした私にご主人は、「働きの悪い年寄りロバなんて役に立たん！　肉にされたくなかったらどっかへ出ていけ！」と言うではないですか。

……………。

これは運がいい！　なんて素晴らしいんだ。苦節25年、ついに私も自由！　そうだ、ブレーメンで音楽隊を募集していたなぁ。ブレーメンの音

楽隊で、楽しく歌って暮らそう！

こうしてロバが意気揚々とブレーメンへ歩いていると、年老いた犬が悲しみに暮れていました。理由を聞くと、老いて猟犬として活躍できなくなったため、殺されそうになったところを逃げてきたそうです。そんな犬を見てロバは「君はなんて運がいいんだ！　僕と一緒にブレーメンに行こうじゃないか！」と肩を叩きながら言います。こうしてロバの言葉で元気になった犬も、一緒にブレーメンに行くことになりました。2度あることは3度ある。そして4度ある。ブレーメンへ行く途中、同じ境遇の猫、雄鶏に出会います。ロバはここでも犬と同じように勧誘したため、2匹もブレーメンへ向かうことになりました。

その後、道中で山賊の家を見つけると一行は大きな声で山賊を脅かします。それにおじけづいた山賊が逃げ出すと、1羽と2匹と1頭で、幸せに暮らしました。

悲しんでも悔やんでも事実は変わらない

ロバは長い間一生懸命働いていたのに、年老いたことで捨てられてしまいます。しかし、そこで悲しい気持ちでめげてしまうのではなく、今より良い未来に向かって行動します。そんなロバの行動に、同じような悩みを抱えた動物たちが前向きになり、ロバと一緒に未来へ向かって進んでいきます。

経営をしていれば、多くのトラブルが起きます。リーマンショックやコロナショックのような大きな影響もあれば、会社特有の問題など、長い経

営者生活の中では様々な問題が起きます。もちろん、そんなピンチはないにこしたことはありません。しかし実際に起きたとき、悲しいとネガティブにとらえるのか、変革の時とポジティブにとらえるのかで、その後の結果は全然違います。起きてしまった事実を変えることはできません。違うのはその後の結果です。少しでも前向きな考え方ができれば、何か今より良くなる方法が見つかっていきます。

起業家にとって必要な心持ちとは

起業家の心持ちや考え方に、アントレプレナーシップ（起業家精神）があります。明確な定義があるわけではなく、「企」業家精神と使われることもあります。近年は、長く安定していた会社が時代の変化で大きく傾くことがあり、常に起業家の精神が欠かせません。そういった点でも境はなくなってきているように思います。このような点を踏まえざっくりまとめると、「会社をうまく回すために必要な心持ち」がアントレプレナーシップです。中小企業はなかなか経営が安定しません。資本が少ないため運転資金など財務的な不安があります。取引相手が少ないと1社との関係性に引きずられ収入が安定しません。人員は少なく、誰かが欠けると会社に大きな影響が出ます。問題を上げればきりがありません。

このようなトラブルが起きないように、事前の対応は必要です。しかし、すべてに対応しておくことはできません。どんなトラブルが起きても常に前向きに行動する心持ちでいられることも重要です。

ロバの行動こそアントレプレナーシップ

経営者は、経営をしていく上で様々な苦境に出会います。そういったとき、アントレプレナーシップを行動に移せるか？　が重要です。

実際、ロバ自身の境遇は相当厳しいですよね。何十年も頑張ってきた挙句、理不尽に捨てられます。年を取っていれば、体も昔のようには動きません。誰が考えたってつらい環境です。同じ状況で、犬、猫、雄鶏はくじけてしまいました。年老いて捨てられたという事実は皆、同じです。しかしロバは、すごくつらいはずの時にも前向きに行動しました。だからこそ、ロバには未来が開けました。

辛いことがあったときどのような心持ちになれるかが、ロバとロバに出会わなかった犬たちとの違いに現れます。もしロバが現れなければ、犬たちは死んでいたのではないでしょうか？

アントレプレナーシップの本質は、ロバの心の持ちようです。つらい時に一歩踏ん張り、ロバを思い出して、ロバのように行動することができれば、今よりも良い結果につながっていきます。

過去の事実は変えられません。でも大きなトラブルほど、簡単に気持ちの切り換えはできません。だからこそアントレプレナーシップを意識することが、より良い未来への第一歩になります。

ロバからひとこと

僕だって能天気な馬鹿じゃないよ。つらいさ。でも悔やんだって悲しんだって凹んだって何一ついいことはない。どうやったら、今よりももっと良い未来にたどり着けるか考えて行動しただけなんだよ。

コラム4

より良い会社にするためには

会社をより良くするための一つの方法に、より良い損益計算書と貸借対照表を意識しながら経営をするという方法があります。もちろん、財務諸表に会社のすべての情報が書かれるわけではありませんが、より良い財務諸表を作るためには、従業員の生活や待遇、教育なども結果的に必要となってきます。

まずは損益計算書です。より良い損益計算書を作るための第一歩は、「粗利益の額」を増やすにはどうしたら良いか?です。粗利益の額が多い会社は、収益性の高い会社になります。最終利益も多くなります。粗利益の額を増やすには、「お客様一人あたりの商品単価はどうしたら上がるのか?」

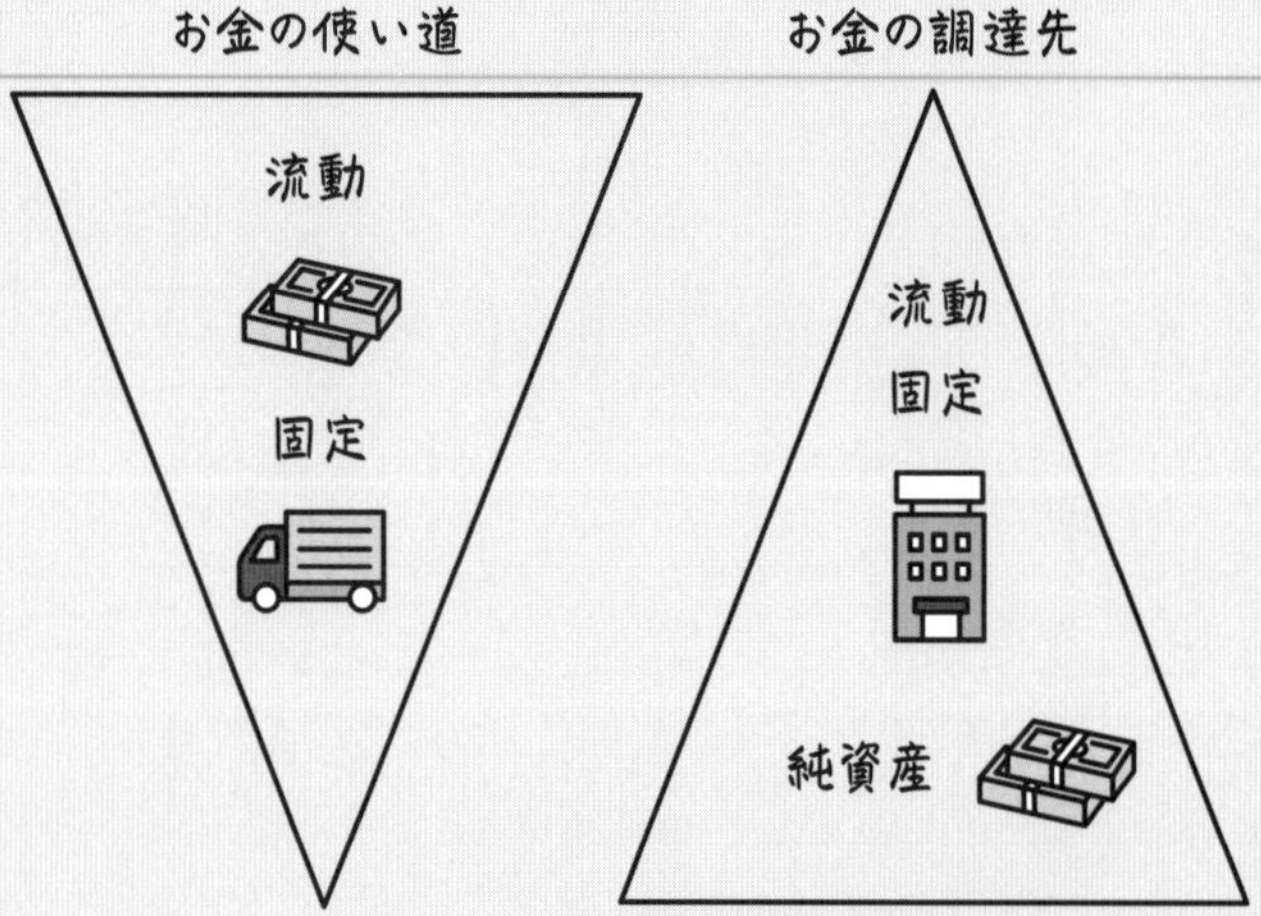

「お客様の数はどうしたら増えるのか?」「仕入れや外注費を下げるには?」等、いろいろな視点で考える必要があります。粗利益の額を増やすことで従業員の給与を増やすことも会社の内部留保を増やすこともできます。もちろん社長の報酬も増やすことができます。

次に貸借対照表です。良い貸借対照表は、上のイラストのような形をしています。

すべての業種でできるわけではありませんが、より良い貸借対照表を作るためにこの形をイメージしてください。

お金の使い道である左側（借方）は上の科目ほど数字が大きく、下に行くにしたがって数字が小さくなる逆三角形が理想です。逆にお金の調達である右側（貸方）は下の科目ほど数字が大きくなる三角形が理想です。左側（借方）は流動資産が多ければ、近いうちにお金に変わる資産が多くなります。これに対して、右側（貸方）は固定負債が多ければ、お金が出ていくまでに時間がかかります。純資産は基本的に会社からお金が出ていきません。つまり、理想形の貸借対照表は、お金に困りにくい形の会社を表しています（まれに例外もありますが……）。まずは、この形を目指してみてください。

このように、中小企業が良い財務諸表を作るには基本となる考え方があります。良い会社は必ず財務諸表に表れます。財務諸表を意識しながら、より良い会社作りを行ってください。

おわりに

むかし話の「気になるところ」では、経営に役立つ話がたくさん学べたと思います。ふとしたとき、経営に役立つヒントが欲しいとき、辛いことがあったとき、むかし話を思い出してください。「ロバには負けないぞ！」と気持ちを切り替えられたり、「一寸法師だってできたんだから私だってやれる！」と戦略的にチャレンジしたり……、気づけば当たり前のように経営に使っていただけることを願っています。

本書を作るにあたって関わってくださった多くの方に感謝します。とりわけコロナ禍で家庭がごった返す中、3人の子供を育てつつ、家庭をまわし、アイデア出しから大量の校閲にまで付き合ってくれた妻に感謝します。子供たちの成長は、私の励みになっており、日々の活力となっています。

本書が一人でも多くの人の手に渡り、今よりも良い経営が行えるきっかけになれば幸いです。

ありがとうございました。

プロフィール

大澤　賢悟（おおさわ　けんご）

大澤税理士事務所所長
1978年生まれ。愛知県豊田市出身。

中小企業診断士・ITストラテジスト・GCS認定コーチ・税理士・社会保険労務士。

電気通信大学大学院修了後、富士ゼロックス株式会社に入社。１年目より管理職としてデータ分析による見える化とPDCAによる現場改善に努め、業務効率300％改善を達成する。

退職後は名商大ビジネススクールで経営学を学びMBAを取得。中小企業の「やる気を笑顔に変える」ことを経営理念として大澤税理士事務所を開業する。会計・MBA・コーチングをPDCAに組み込んだ独自の見える化式経営を確立。「小学生にも伝わる経営コンサルタント」をモットーに、わかりやすい説明で伴走型のサポートを実施。関与２年目で年商１億円の中小企業の「利益を1,000万円増やす」など、経営者のパートナーとして企業の経営改善に携わる。

家庭では３人の子供の父親。子供にも実生活で役立つ経営学をわかりやすく伝えつつ、たくさんの趣味を一緒に楽しんでいる。

事務所HP　https://officeoosawa.jp
Instagram https://www.instagram.com/officeoosawa/

むかし話で学ぶ経営塾

2021年12月20日　初版第１刷発行

著　者　大澤　賢悟（おおさわ　けんご）

企画協力　上野　郁江（NPO法人企画のたまご屋さん）
カバー　小口　翔平＋後藤　司（tobufune）
イラストレーション　平松　慶
DTP　有限会社中央制作社

発行者　石井　悟
発行所　株式会社自由国民社
〒171-0033　東京都豊島区高田3丁目10番11号
電話　03-6233-0781（代表）
https://www.jiyu.co.jp/

印刷所　奥村印刷株式会社
製本所　新風製本株式会社

　ISBN 978-4-426-12744-2